ああちゃん
さやか(ビリギャル)

ダメ親と呼ばれても学年ビリの3人の子を信じてどん底家族を再生させた母の話

「くだらないことをしていないで
勉強しなさい」
「どうしてそんなこともできないの」

もしも私が、娘にそう言っていたら
高2の夏に偏差値《へんさち》30だった娘が
慶應《けいおう》大学の現役合格を目指し
がんばることもなかったでしょう。

娘のことで学校に呼び出されたとき
私は、子どもに
「親は絶対に子どもを守るものだ」
と示すチャンスだと思っていました。

親が子どもの善意《ぜんい》を信じること。
粗探《あらさが》しをせず、味方でいること。
これは、実際には、難しいことです。

でも、そうしてこそ、
子どもは親に何でも話してくれます。
そのおかげで、私は、運良く
子どもががんばれる方向を察知《さっち》し
そっと、そちらへ背中を押せました。

私は、３人の子を育てましたが
夫婦のいがみあいで家庭は冷え切り
崩壊《ほうかい》寸前でした。
ダメな親と呼ばれていました。

そんななか、　私は改心し
全く新しい子育てを始めました。
そのせいか、　子どもたちは、
才能を伸びやかに発揮し始めました。

叱《しか》って叩《たた》いては
自責《じせき》の念にさいなまれる
失敗だらけの子育てから、
私が何を学んだのか。

どうしたら、意欲的で
思いやりのある子に育つのか？

本書に綴《つづ》った失敗の数々が、
全国のご家族の少しでもお役に立てること、
そしてそのお子さんに
奇跡《きせき》をもたらすことを祈《いの》ります。

編集部より

ベストセラーとなった『学年ビリのギャルが1年で偏差値《へんさち》を40上げて慶應《けいおう》大学に現役合格した話』（坪田信貴《つぼたのぶたか》著／通称《つうしょう》ビリギャル）の読者の方から、「坪田《つぼた》先生のお話をもっと聞きたい！」という声とともに数多く寄《よ》せられているのが、「主人公のギャル・さやかちゃんのお母さんである〝ああちゃん〟の子育て法やその姿勢、信念について、もっと知りたい」という声です。

「この家族は失敗だ！」と夫（パパ）が嘆《なげ》くような、罵声《ばせい》ばかりが飛び交う家庭環境《かんきょう》。そのなかで、中学や高校で学年ビリだった姉妹が、爆発的にがんばって難関大学（慶應《けいおう》・上智）に合格できた背景にあった、母親（ああちゃん）の信念とは何だったのか。

中学、高校時代に補導《ほどう》も経験するなど自暴自棄《じぼうじき》になっていた長男の心を取り戻すためにした、母親の改心とは？

これまで1300人以上の生徒を指導し、その多くの生徒の偏差値《へんさち》を1、2年で20〜40

も上昇させてきた塾《じゅく》経営者・坪田信貴《つぼたのぶたか》氏も大いに感心され、推薦《すいせん》されている、ああちゃんああちゃんの子育て法とそのご体験について、本書では大いに語っていただいています（巻末には、坪田信貴《つぼたのぶたか》氏による解説も掲載《けいさい》しています）。

本書に綴《つづ》られている内容は、すべてのご夫婦、すべての親子、すべてのご家族に、我《わ》がことのように読んでいただけるであろう、赤裸々《せきらら》な、実際にあったストーリーです（各人の記憶の相違《そうい》から、ビリギャルと若干異なる記述もありますが、本書では、すべてにおいて各著者《ちょしゃ》の記憶を優先しています）。

すべての現在と未来の親御《おやご》さん、そして部下や後輩を持つ指導者の方々の価値観や人生観をゆさぶる1冊になったと自負《じふ》しております。

なお、ビリギャルを未読の方でも、ビリギャルの概略《がいりゃく》を把握《はあく》していただけるよう「さやか自身が語る、もうひとつのビリギャル物語」も、本書では3つの章に分けて掲載《けいさい》しています。さやかさん目線ならではの、当時の心情が細やかに描かれた同ストーリーは、ビリギャル既読者《きどくしゃ》のみなさまにも、いっそう興味深く読んでいただけるものと信じます。

第三章

さやか自身が語る、もうひとつのビリギャル物語～その2

母としての失敗と改心

さやか自身が語る、もうひとつのビリギャル物語～その3

暗闇から長男を取り戻す

第七章

ようやくうまく行った子育て
――次女のまーちゃん

第八章

子どもを伸ばす親、つぶす親（自戒《じかい》を込めて）

第九章 おばあちゃんとああちゃんへ

プロローグ

私（ああちゃん）の、小学校1年生の登校1日目の出来事です。

生まれつき方向音痴《おんち》な私は、帰り道がわからなくなってしまい、校門を出たところで2時間あまり（自分では4、5時間にも感じました）、立ち往生《おうじょう》をしてしまいました。泣きながら、一歩も足を踏《ふ》み出せず、どうやったら家に帰りつけるのか、考えあぐねていたのです。

小さかった私には「もう一生、家には戻れないのでは」と思えてきて、不安がピークに達したとき、先生か誰《だれ》か大人に助けてもらうことを思いつき、学校のなかに戻りました。

すると反対の門の光景が、何か見覚えのある明るいものに見えました。行ってみると、自分の帰るべき道がそこにありました。

涙《なみだ》があふれてきて、うれしさでいっぱいになり、喜び勇《いさ》んで家に帰りました。

家では、母親がひどく心配していました。

その顔を見て、自分の愚《おろ》かさやダメさに悲しくなったことを、よく覚えています。

ただ、そのときの担任《たんにん》の先生は、そんなダメな私の自立心を伸ばそうとしてくれた方でした。

帰り道がわからなくなって2時間あまり、門のところでうろうろしていた私を、自分自身で気が付くまで、陰《かげ》で見守ってくださっていたのです。

危険が迫ったら、いつでも飛び出していけるように。

もし「君の帰る道は、あっちの門だよ」とひとこと言えば、先生も、2時間も待たずにさっさと仕事を終えて帰れたのに、私が自分で気付くまで、じっと手を出さずに見守ってくださっていた先生。

それを大人になってから知って、なんてすばらしい先生だったんだろう、と感激しました。

このことは、いつも子育てのときに思い出し、大事な教えとして心に刻《きざ》み込んでいます。

失敗だらけの夫婦関係、失敗だらけの子育て——そのなかから、私が築いていった、こうした「子育てに関する信念」について、本書では、私の長女であるさやかの受験体験記を交えながら、綴《つづ》ってまいります。

お恥ずかしい話ばかり記しますが、すべて本当にあったことでございます。

ぜひみなさまの反面教師、転ばぬ先の杖《つえ》にしていただけるならば幸いです。

第一章

さやか自身が語る、もうひとつのビリギャル物語～その一

※さやかのギャル時代のプリクラ

赤ざぶとんから抜け出せなかった日々

私（さやか）は、中学3年生のときに無期停学《ていがく》になった一件以来、先生というものを信用していませんでした。

「一緒《いっしょ》にタバコをすっていたヤツの名前を言ったら、許してやる」

という言葉が頭から離れませんでした。大人ってやり口が汚《きたな》いんだな、と。

ですから、先生というものが嫌いでした。

学校にももう興味がなくなりました。

受験をしなくてもエスカレーター式に上の大学に進めるんでしょうが、もはやこの学校にいることがイヤでした。

もっとレベルを下げてでも他の大学に行こう――そう心に決めていました。

先生には、「おまえのようなクズを受け入れてくれる大学があると思うのか？」と言われていましたが……

学力判定テストをさぼった私は、高校では、受験をせずにエスカレーター式に上の大学に上がる人が多いAクラス（通称バカクラス）に進んだ後も、成績は落ちる一方でした。

通知表では、体育と音楽以外のほとんどの科目が〝赤ざぶとん〟でした。赤ざぶとんとは、10段階で3以下の低評価の科目に、警告《けいこく》の意味で赤線がひかれることの呼び名でした。

高校1年のとき、理科の女の先生が唯一《ゆいいつ》好きで、なんとか赤ざぶとんをつけなくていい成績をとってあげたかったのですが、どうしてもテストでいい点がとれず、2以上の評価はとれませんでした。

いよいよその先生にも呼び出され、「大丈夫？」と聞かれたので、悲しくなりました。それでも、どうしても赤ざぶとんが消えることは卒業までありませんでした。

中3の無期停学《ていがく》で得た大きなもの

中学生の頃は、学校のなかでも外でも、家のなかでも、大人を毛嫌《けぎら》いしていた私は、どんどん派手《はで》になっていき、態度《たいど》も反抗《はんこう》的になっていきました。

家では毎日、父が、ああちゃん（母）と2歳下の弟を大声で怒鳴《どな》りつけていました。

私は、なるべく父とは関わらないようにしていましたが、私の派手《はで》な服装や反抗的《はんこう》な態度に、父はやはり何も言わずにはいられなかったようです。私にもよく、罵声《ばせい》を浴びせてきました。

母も弟も父にはいっさい口答えをしなくなっていましたが、私は家族で唯一《ゆいいつ》、父に言い返す人間でした。それで私は、時に母や弟をかばって、父と真《ま》っ向《こう》からよく大げんかをしました。

「くそじじい、いい加減にしろよ!! ああちゃんに謝《あやま》れよ!!」

すると、パパはよく血相《けっそう》を変えて、「てめえ、親に向かってなんだその態度は!!」と胸ぐらをつかんできました。

こんな調子でしたので、私はだんだんと家に帰らなくなっていきました。

最大の理解者だと思っていたああちゃんにさえ、キツくあたったことがあります。

ああちゃんはそれでも、毎日どこに行っているのかわからない私に声をかけ続けました。でも、そうされると、罪悪感《ざいあくかん》で泣きたくなってしまい、もっとキツくあたってしまうのです。

ですから、とにかく、そのときは、構わないでほしかった。でも、ああちゃんはあきらめませんでした。

私が家から飛び出すと、必ずああちゃんが車で追いかけて来ました。私の横を、車で、ずっと速度を合わせてついて来るのです。

「どこに行くの？　送って行くから、乗って」

と言われても、無視して歩き続けました。それでも、ああちゃんはどこまでもついて来ました。そんなことが、よくありました。

自分が心配をかけているのが、痛いほどわかっていたので、罪悪感《ざいあくかん》を感じるのが一番つらかったのです。この時期は、母の顔を見るのもつらかった。

そして、そんなときにタバコ所持の件で無期停学《ていがく》の処分《しょぶん》を受けたのです。

その頃は毎日、学校帰りに先生につかまえられ、私の素行に関して尋問《じんもん》のようなことをされていました。私が逃げないように、6限目の授業が終わると、その瞬間《しゅんかん》に私の席に先生が来て、トイレに行く暇《ひま》も与えず、連行するのです。

持ち物検査《けんさ》をするために、かばんや机《つくえ》のなかもあさられました。携帯《けいたい》電話も取り上げられ、1週間くらいずっと先生が持っているときもありました。

その間、私の携帯《けいたい》に来ていたメールはすべて開封《かいふう》されていました。履歴《りれき》もすべて見られていたと思います。

毎日、「今日は先生に何をされるのだろう」とおびえていました。今日は、誰《だれ》それが連行された！ とみんなが騒いでいました。

私の友人は次々と停学処分《ていがくしょぶん》になり、やがて私も停学処分《ていがくしょぶん》を受けることになりました。

停学《ていがく》処分を受けること自体よりも、尋問《じんもん》の仕方がとにかくひどいと感じました。

私がタバコをすっていたことを認めるだけでは、先生たちの気は済みませんでした。

他にもすっている友人を私に言わせたかったのです。

「おまえ、そもそも、なんでおまえがタバコをすっていることがわかったか、知っているか？ あいつが言ったんだ。おまえが友達だと思っている、あいつがおまえを売ったんだ。おまえは売られたんだぞ」

と先生たちは私に言いました。そのとき、信じられない、と涙《なみだ》がとまりませんでした。

家に帰りたくなかったあの頃、私のすべては友達だったからです。

その友達に裏切られたんだぞ、と他人に言われることほど、つらいことはなかったのです。

「だから言え、おまえも言え。言わないと終わらないんだぞ」

先生たちはそう言って、私を何時間も閉じ込めました。

裏切られたことより、先生たちの言葉のほうが私には許せませんでした。私から友達を奪《うば》っていく、信頼関係をこわしていくこの人たちが許せない、と思ったのです。

ですから絶対、他の友達のことは言いませんでした。

「知りません。友達いないんで」

私はそう言いました。

「私が停学《ていがく》になるだけじゃ、ダメなんですか？　私も友達を売らないと許してもらえないんですか？」

「そうだ（笑）。言え」

白髪《はくはつ》で猫《ねこ》顔のその先生は、笑いながらそう言いました。その顔が、いまだに忘れられません。

いっぽう、そのとき一緒《いっしょ》に無期停学《ていがく》になった友達とは、今でもみな仲がいいのです。

実際には誰《だれ》も、裏切ってはいなかったからです。

みんな、「あいつがおまえを売ったんだ」と言われて「だからおまえも言え」とおどされていたそうです。みんなそれにショックを受けていたのは一緒《いっしょ》でした。それは、無期停学《ていがく》が解除されてからわかったことでしたが。

先生たちがどうしたかったのか、それがどういう教育なのか、余計不思議になりましたが、それ以降、その先生たちとは話もしたくなかったので、「もうどうでもいい」という結論に達しました。

「教育者とは最低な生き物だ」と当時の私は思っていました。

しかし、この中学3年生のときの無期停学《ていがく》で得たものがありました。

母のありがたみを改めて感じられたことでした。

当時は、私が学校に呼び出されるのと同時に、母も別室に呼び出されることが多くありました。

「実は、おまえのお母さんに、隣《となり》の部屋に来てもらっている」

そんな刑事《けいじ》ドラマのようなことを、先生はわざわざ言うのです。

「今からお呼びするから、自分の口でお母さんに謝《あやま》れ。本当におまえは、親泣かせなヤツだな」

母が入って来ると、私は申し訳ない思いで、母を直視できず、まっすぐ前を向いたまま、何も言いませんでした。

先生が「おい、早く言え」と言いました。それで、私が、

「ごめんね」

と言うと、母は私の隣《となり》に座って先生のほうを向きました。

「今回はご迷惑をおかけして、すみませんでした。私の責任です。ただ、先生方の言う〝良い子〟とは、髪《かみ》が黒くて、三つ編《あ》みで、スカートが長いだけの子のことなんですか？　そういう子が、良い子とおっしゃっているんですか？　もしそうなら、私の娘は悪い子で結構です。でも、友達思いの、すごく良い子です。先生方は娘のそういう、良い部分を見ようとはしてくださらなかった。それが残念です。ご迷惑おかけして申し訳ございませんでした」

母はそう言いました。私は隣《となり》で涙《なみだ》をこらえることができませんでした。そして、

「もう一生、ああちゃんを泣かせるようなことは、やめよう」

そう思ったのです。

母は、私が無期停学《ていがく》になったことを、〝わが家の恥《はじ》〟とは考えていませんでした。「親は、何があっても、絶対に子どもを守るものだ」ということを子どもに示す、チャンスだと考えていたのです。


母の言葉を聞いた先生たちは、顔をしかめていました。

「子が子なら、親も親だな」

そう思っているような顔でした。正門はとっくに閉まっている時間です。学校にあんなに深夜までいたのは初めてでした。

裏口から、母の車で帰るとき、私はもう一度、母に謝《あやま》りました。

「ごめんね、今日はありがとう」

するとと母は、

「さやかは、ああちゃんの、誇《ほこ》りなんだよ」

と言いました。

「そうか、私には、夢がないのか」

それから私は、学校の先生に目を付けられないように、なるべく、先生の言う「良い子」でいるようにしました。

おかげで、中学生の頃は校長先生に「人間のクズ」と呼ばれた私も、高校生になってからは、呼び出されることはなくなっていました。母にも心配をかけることがなくなりました。

でも、今まで通り、友達との時間は大切にしていました。そして、学校の外で遊ぶときに限って、ですが、中学の頃以上に派手《はで》な格好《かっこう》をするようになりました。

でも、家にはちゃんと帰るようになりました。外泊《がいはく》をするときには、母だけには、居場所を伝えておきました。ウソも、母にはつきませんでした。

そうして高校2年生にもなると、進路を考える声が周囲でちらほら聞かれるようになってきました。

「音大に行きたい」「大学へ行って、保育士の免許《めんきょ》を取りたい」

へー、みんな、意外とちゃんと考えてるんだな、と思いました。

私は、特にないかな。将来《しょうらい》なんて、どうでもいい――というのが、私の正直な思いでした。「自分の将来《しょうらい》なんて、なるようにしかならないんだから、考えたってどうにもならないだろう」と。

母にもそう伝えました。すると母は、

「そうだね、さやかの言う通りだね。でも、何か良いきっかけになるかもしれないから、あそこの塾《じゅく》の面談だけでも受けてみたら？　通わなくても、いいからさ！」

と言いました。私は、

「うん、いいよ」

と言いました。そして母はその塾《じゅく》に連絡《れんらく》をとり、面談の日を設定してくれました。

その塾《じゅく》こそが、当時、坪田信貴《つぼたのぶたか》先生が勤務《きんむ》していた名古屋の個別指導塾《じゅく》でした(坪田《つぼた》先生が、現在の塾《じゅく》を経営するようになるのは、当時のその塾《じゅく》を辞《や》めた後のことです)。

面談の日、教室に入ると、そこには背がそこまで高くはなく、メガネをかけて、スーツを着た先生が立っていました。その先生は笑顔で言いました。

「はじめまして、坪田《つぼた》です」

そのときの印象は、「この先生、なんか知らん、すげーニコニコしてんな。いいことでもあったんかな」というものでした。

そして、その人のおじぎにつられて、私も「はじめまして」と笑顔でぺこりと頭を下げました。

坪田《つぼた》先生の第一印象は、大人嫌いの私にとってはめずらしく、悪いものではありませんでした。

後から先生に伺《うかが》うと、先生本人は「何しに来たんだ、このギャル？」と思っていたようですが……確かに、夏休みで、髪《かみ》の毛は金に染めていたし、メイクも濃いめ、スカートは限界まで上げて短くしていたものの、私としては〝ギャル〟という自覚はありませんでした。もっとギャルを極《きわ》めていた人は、いくらでもいたからです。

その先生に「君の夢は何ですか？」と聞かれました。

「夢？　どんな？」

「んー、では質問を変えよう。君の前に今、何でも夢が叶《かな》うプラチナチケットがある。このチケットは君の願いを何でも叶《かな》えてくれる。なりたいものにも、ならせてくれる。連れて行ってほしいところにも、連れて行ってくれる。さて、君はこのチケットを今持っているとすれば、どんなお願いごとをする？」

私の頭には、正直、何も浮かびませんでした。なりたいもの、行きたいところ……特になかったんです。

「特に、ないかな」

——そう答えた私は、「自分には夢がない、ということになるんだな」とそこで気づいたのです。

そうか、私には夢がないのか——初めてそう思いました。

確かに、今まで考えたこともなかったな。なんとなく、いつか結婚《けっこん》して、子どもが生まれて、お母さんになって……というくらいにしか、思っていなかった。

「じゃあ君は、何をしているときが一番楽しいの？」

「友達といるとき」

「なるほど、君は友達が大切なんだね。しゃべってるときかな？」

「そう、みんなでいるときがとにかく楽しい」

「じゃあさ、東京に行ってみたら？　もっといろんな、話してて楽しい友達ができるよ。東大とか行けば？」

「東大？　なんかちがう。ぶ厚いレンズのメガネの男ばっかいそう」

「じゃあ、慶應《けいおう》は？　慶應《けいおう》ボーイって知ってる？」

「知ってる！　櫻井翔《さくらいしょう》くんが行ってるとこだ」

そんな感じでした。

この先生、私に合わせてくれてるけど、たぶんすげー頭いいんだろうな、と思いました。私が反応するツボを探りながら話している気がしました。

でも、なんだかそれがイヤではなく、心地よかったのです。

次はどんな質問をされるのかな？　と思いました。それで、先生もなんだか楽しそうに見えました。だから、私も楽しくなってきました。

そうして、学校の成績は学年ビリ、坪田《つぼた》先生の塾《じゅく》で受けた全国模試《もし》の偏差値《へんさち》は30弱の私でしたが、初日から、私の夢は「慶應《けいおう》に合格する!」ことになりました。

夢は大きいほうがいい! 行けるか行けないかは別として、そう、夢は大きいほうがいい!

第二章

ああちゃんの生い立ちと夫婦間の亀裂《きれつ》

※母に連れられて歩いていた
幼少期のああちゃん

学校一のビリ、不良と呼ばれても

もしも自分の子が学校でビリで、見かけも派手《はで》で、ギャルと呼ばれるようないでたちで——その子が突然《とつぜん》、日本の難関《なんかん》大学を受験したいと言い出したら、あなたは、どうしますか？

私（ああちゃん）は迷わず、「全力で応援《おうえん》するね、すばらしい試みだね」と言って、さやかと抱き合って喜びました。

私たちはいつも、何か、ワクワクすることを見つけると、それだけで喜びをともにすることができたのです。

当時のさやかは、学校の成績だけで、その人の人間性まで評価されることに逆らっていました。そして、その心はずいぶんと傷ついていました。

私は、親として、ギャルと呼ばれていた娘を、一度も疑ったことはありません。

学校一のビリで、学校一のギャル姿、一番の不良、悪《ワル》、と言う人もいました。でも、私はいつも、堂々と、「学校の成績がビリであることは事実でも、不良でもないし、悪《ワル》でもない」とはっきり言えました。

入学当初、仲の良かったママ友にも、

「さやかちゃん、変わっちゃったよね。何かおうちに問題でもあるんじゃない？　良かったら、何でも相談しに来てね」

とご心配いただきましたが、私は笑顔で辞退《じたい》させていただきました。

さやかは、小さな頃から大事にしてきた良い意味での好奇心《こうきしん》が旺盛《おうせい》で、その場その場で、自分がワクワクできることを見つける意欲に富んでいました。そして、自分の納得のいかないやり方には真《ま》っ向《こう》から逆らいます。

ですので、大人が勝手に決めた〝良い子〟、〝悪い子〟の分類では、悪い子とされることもありました。

でも実際は、見た目が派手《はで》で、校則からはみだすことはあっても、おとなしい子にもいつも優しく、クラスの誰《だれ》とでもわけへだてなく仲良くできる、明るい良い子だったのです。

でも、もしも私が、他人の目を気にして、何の意味ももたらさない世間体《せけんてい》や見栄《みえ》にとらわれ、

「とにかく、先生の言うことを聞きなさい、お母さんは恥ずかしいわ」
「校則を守って、髪《かみ》は黒く、スカートは長くしなさい」
などと叱《しか》っていたら、さやかは私に、日々の楽しかった出来事を話す意欲もなくし、行き場がなくなって、自暴自棄《じぼうじき》になっていたのではないか、と思います。

自分が嫌いな自分になって

私がこう考えるようになった背景をご理解いただくには、私自身の幼少期の体験について、まず知っていただくべきかと思います。

私の母は、人と比べても、桁《けた》違いに多くの母性と愛情を持っていたと思います。

しかし、母は、愛情を厳しさで表現する人でした。それで私は、母に厳しくしつけられ、ずっと叱《しか》られて育ちました。

叱《しか》られるのがイヤになっても、逃げ出す勇気もなく、逃げ場もなく、愛情から叱《しか》られているとことがわかってはいても、母の言うことがうまくできず、また同じ失敗をくり返しては、何度も何度も叱《しか》られているうちに、自分を心底ダメ人間だと思うようになりました。

いつもおどおどしていて、自信がなく、消極《しょうきょく》的な性格で、学校での友達づくりも下手《へた》で、先生とも打ち解けられず、学校生活を楽しいと思ったことは、ほとんどありませんでした。

少女時代には、楽しいことが出てくると、母に反対され、楽しみが奪《うば》われるのを予想して、その場しのぎのウソばかりついていました。

そしてウソばかりついている自分に嫌気《いやけ》がさして、小さなことに落ち込んでばかりいて、失敗すると立ち直れず、ほとんど鬱《うつ》のようなときもありました。

ですので、私のように自分をダメ人間だと思ってほしくなくて、自分がしてもらったのとは反対の子育てを試みようと、あるとき、気づいて実行をし始めたのです。

かく言う私も、さやかの2歳下の弟である長男が、小学校に上がってまもなくぐらいまでは、子育てがうまくいかず、夫婦関係もうまくいかない、大いに悩める母親でした。世の子育て本に書いてある模範《もはん》的なしつけの方法を試しては、うまくいかない、それどころか子どもがますます悪くなるという体験をして過ごしてきました。

しかし、あるとき、私の母の生き方と、自分の幼少期からの育てられ方、そしてその結果に素直に思いをはせ、世の多くの育児書やしつけの本で推奨《すいしょう》されている子育て法をきっぱり捨てることにしました。

そして、自分で一から子育てについて考え直したとき、私のなかで、ある大きな変化が起こったのです。

その結果、児童《じどう》心理学者　平井信義《のぶよし》先生や、教育者の長谷川由夫《よしお》先生などの、本当に子どもを幸せにできる、すばらしい育児書にも出会えたのでした。

「どうしていつも自分が後回しなの？」

私の母親としての変化と信念をもたらしたのは、間違いなく、母と一緒《いっしょ》に見てきたつらい人生模様――人もうらやむ美貌《びぼう》やプロアスリート級の運動神経、高い学歴を持ちながらも転落していった母のきょうだいたちの姿――に原点があります。

子どもにとっての真の幸せとは何か――この幼少期の経験から、私が学んだことは大きいのです。そして、世の中で一般的に「幸せの条件」とされることが、実は「幸せ」につながりなどしないことを――むしろ不幸の種がそこにあるということを――私は、母のきょうだいの転落を極《きわ》めた人生から学びました。

読者のみなさまに子育てについてお考えていただく上で、お役に立つエピソードではないか、と思いますので、ここでご紹介をして行きます。

私の母は、苦労人でした。

生まれたときから、苦労することで何かの役割を果たす、そういう運命にあった人ではないか、と思えるほどでした。

母の父（私の祖父《そふ》）は、第2次世界大戦下で特別高等警察《けいさつ》の刑事《けいじ》をしており、元々は華族《かぞく》の出でしたが、敗戦後は、家はすっかり落ちぶれていました。

戦後の動乱のなかで、食べることだけで必死な最中《さなか》、私の母は、そんな没落《ぼつらく》貴族の6人きょうだいの3番目に生まれました。

はなやかだった華族《かぞく》の時代に育《はぐく》まれた気位《きぐらい》の高さと贅沢《ぜいたく》な生活習慣をぬぐい去れないでいる姉と兄を見ながら、それと全く違った質素《しっそ》でひたむきな人柄だった母は、家族が生きていくために、家族のなかでただ一人、下働きをして家計を支えながら、大きくなりました。

母がまだ小学生だったときのことです。

家に食べるものがなくて、遠くの配給所《はいきゅうじょ》に朝早くから一人歩いて行く母を、将来《しょうらい》、全国区の大会でミス○○に選ばれることになる美しい姉は、「私の美貌《びぼう》の維持《いじ》のために妹が苦労をするのは当然」とながめ、感謝すらしなかったと言います。

そして、母が重い荷物をしょって帰ると、姉と兄弟たちは我先にと食べ物を母のかばんから奪い合い、母の分まで食べてしまったそうです。それでも、何も食べずに歩き続けた母は、空腹なのも忘れて、その姿を見て、苦しいなかにも喜びを感じていたのだそうです。

こうしたことはきょうだいが長じても続き、母のためたわずかばかりのお金を、姉と兄弟が奪っていくことは、母が結婚《けっこん》した後もずっと続きました。

母に「どうしていつも自分が後回しで、人のことばかりやってあげるの？　損ばかりの人生じゃない！」と言ったことがあります。すると母は、こう答えたのです。

「でも私は、そんななかでも、ちゃんと大きくしてもらってるんだから、運がいいんだよ。

他のきょうだいは、その頃のことだから栄養も不足していて、病気ばっかりしていたんだけど、私に限っては、不思議と病気なんてなあんにもしたことがないの。神様はちゃんと見ててくださるのかな、と思ったよ」

それを聞いて、まだ小さかった私は、「そうか、神様って、良い心で、良いことをしていたら、すべて見ていてくれるんだな」と思ったものでした。

なけなしのお金とビフテキ

母の姉は、家に食べる物がなくなり、みながおなかを空《す》かせて泣いていたときでも、その美貌《びぼう》のおかげで、なぜかいつもチョコレートやビスケットを隠し持っているような人でした。あまりの美しさに、誰《だれ》かがくれていたのだと思います。

しかし、それを家族と分けて食べようなどという気持ちは、一切持ち合わせていない女性でした。

その後も、大金持ちの大きな家に嫁《とつ》いでは、その資産を使い果たさせてしまい、嫁《とつ》ぎ先が破産してしまうという、大変な業《ごう》を持っていたようです。

そのたびに、「金の切れ目が縁の切れ目」とばかりに離婚《りこん》をし、3回同じような結婚《けっこん》と離婚《りこん》をくり返し、三人の大資産家を無一文同然にまで追い込んでしまいました。

そうすると、お金があるときには見向きもしなかった、地味で堅実《けんじつ》な母の嫁《とつ》ぎ先に、お金の無心にやって来るのです。

そんな姿を、小さかった私は、いつも母のそばで見つめていました。

美しい伯母《おば》のその涙《なみだ》ながらの姿は、本当に哀《あわ》れに見えました。

母は人生でこの涙《なみだ》に何度騙《だま》されようとも、お金を渡した直後の相手の笑顔に満足し、貧しかったはずの自分の生活をもっと切り詰《つ》めていきました。

その伯母《おば》の人生は、あまりにも無残でした。

あんなに美しく、高い学歴もあり、スタイルも良く、愛きょうもあり、会う人会う人を魅了《みりょう》してしまう伯母《おば》。なのに、長い間一緒《いっしょ》にいると、その相手はなぜそこまで落ちぶれてしまうのか？

小さいながら、私は考え、悩みました。そのときには答えはわかりませんでした。

母は、自分の信念から、小さかった私を家に一人おいておくことはしませんでした。ですので、借金取りのもとへでも、どこへでも、幼い私を連れて行きました。

そのため、幼い私は、伯母《おば》の離婚の話し合いにも立ち会いました。

破産《はさん》寸前になり、疲《つか》れ切って、落ちぶれてしまった夫婦のさまを見てきました。

そして、母よりもよほどきれいな、高そうな服を着た伯母《おば》が、「今日、うちの僕《ぼく》ちゃんに食べさせるお米が一粒《ひとつぶ》もないの」と母に泣いてすがり、母が、なんの余裕もないはずの自分の財布《さいふ》から、その日あるだけのお金を渡してあげるのを数え切れないほど見てきました。

そして伯母《おば》が、その足で、わが家では食べたこともないビフテキやお寿司《すし》を食べによく行っていたことを、あとから聞きました。

母もそうしたことは知っていましたが、「お金を貸してあげなかった後、ものすごい自責《じせき》の念にかられてしまうのよ」と言って、なけなしのお金を渡し続けるのでした。

「おまえ、小さいくせに、憎たらしいこと言いよって！」

姉と同じような手口で伯父《おじ》（母の兄）や叔父《おじ》（母の弟）もまた、何度も何度も入れ替わり立ち替わり、母の嫁《とつ》ぎ先であるわが家にやって来ていました。

幼かった頃の私の胸を、その鼓動《こどう》が破裂《はれつ》させてしまうのではないかと思うほどの恐怖を感じたこともあります。

奥さんと一人娘に贅沢《ぜいたく》をさせようと、身の丈《たけ》に合わない大きな商売をやりすぎて失敗ばかりしていた伯父《おじ》の借金のしりぬぐいのために、怖い口調の人たちがどなり散らす事務所に、母に連れられて行ったときのことです。

その事務所には、脱走しないように頭の毛をそられ、鎖《くさり》でつながれた女性がいました。その女性が、借金のかたに、客を相手にするときだけかつらをかぶらされ、何をさせられていたのか知ったのは、かなり後のことです。

そんな怖い場所で、大の大人である伯父《おじ》が身ぐるみはがされ、謝《あやま》りながら泣きさけんでいる姿を、幼い私は目にしました。

そんな怖い人たちに詰《つ》め寄られても、私の母が毅然《きぜん》としていたのを、よく覚えています。

母は私を自分の背後に隠し、怖い人のおどしにも動揺《どうよう》することなく、じっと頭を下げ、ゆっくりと話をし、どうやったのかわかりませんが、なぜか怖い人たちに気に入られて、なんとか伯父《おじ》を連れ帰ることができるのでした。

幼い私には、母がどうしてこんなところに来たのか、よくわかっていませんでした。しかし、ただただそのときの恐怖だけは、私の頭を離れることがありませんでした。

もう一人の叔父《おじ》もまた、この二人と同じでした。

私は代わる代わるやって来るこの伯母《おば》や伯父《おじ》、叔父《おじ》の存在が、いつしか恐怖にしか思えなくなり、この人たちの電話や訪問に際しては、必ず、

「今、母はいません」

とウソをつくようになりました。

すると三人から、決まって、「おまえは、憎《にく》たらしいこと言いよって！　小っちゃいくせにかわいないガキやなー。母ちゃん、おんねやろ」と叱《しか》られました。

行く当てもなく、嫁《とつ》ぎ先を一人家出して

母は当初、良家の一人息子さんに見初《みそ》められ、すばらしい条件で、望まれて嫁《とつ》いでいま

した。

母の弟である叔父《おじ》は、高校野球のスター選手の一人で、家にはお金もないのに、まず大学に行ってもっといい思いをしようと、自分の才能を売り惜しみし、プロ野球の契約《けいやく》のオファーも全部けってしまいました。そして、私の母の最初の嫁《とつ》ぎ先が資産家だと知ると、母に内緒《ないしょ》で、自分の両親と組んで、その家に借金の申し込みをしてきたのだそうです。

それを知った母は、弟に過大に期待する両親が、自分の嫁《とつ》ぎ先をめちゃめちゃにしても、金をせびり続けるだろうと悟《さと》って、純粋《じゅんすい》でまじめな当時の夫に絶対に迷惑をかけまいと、結婚《けっこん》から間もないうちに、一人、嫁《とつ》ぎ先を出て来てしまいました。

何も持たず嫁《とつ》ぎ先を出て、実家にも帰れず、優しい人との幸せな人生を、自分の親やきょうだいのせいで自《みずか》ら投げ捨てた母は、今後どうやって生きていったらいいものか、わからなくなったと言います。

その後、母は、今の私の父と再婚《さいこん》をしました。

母の離婚《りこん》の原因となった叔父《おじ》は、といえば、結局、大学にも行けず、もうプロ野球のお誘いを受けることも二度となく、失意のなか、ギャンブルにはまる転落の人生を送ることになります。

その叔父《おじ》もまた背が高くてハンサムでしたが、その美貌《びぼう》も才能も、そうなってしまっては、何にも生かすことはできず、ただ女の人に貢《みつ》がせるだけの人になってしまいました。

そして女の人が変わる度《たび》に、母はまた私を連れて、もめてぐちゃぐちゃにもつれた男女関係の話を聞いて、謝《あやま》って歩くのでした。

そういう、もつれた男女間の話を聞くのは、たいていとても長時間になり——あるとき、あまりの長さと空腹から、私が一言「おなかが、すいた」とつぶやいたことがあります。もつれた関係をなんとかすることに必死だった母は、私をキッとにらみ、足をつねりました。そのときのつらい思いは、今でも忘れられません。

私はまたあきらめて、叔父《おじ》に貢《みつ》いでいた女の人——胸の大きい、派手《はで》な化粧《けしょう》をした女性の、長くて理解不能な話を聞いていました。

その女性への謝罪《しゃざい》がやっと終わった帰り道、母は最寄《もよ》り駅まで私の手を引いて歩いていったのですが、そのときに「おなかがすいて歩けない」と言った私を、母はもう、つねらず、優しくおぶってくれました。

自分はなんてダメな娘であり、妻なのか

そんなみじめで、恐ろしい思いをしてまで、わが身をなげうってきた私の母は、〝何度も何度も失敗をくり返し、最後はわが子にも見捨てられ、ひとりぼっちになった三人のきょうだい〟を、最後、亡くなるまで面倒《めんどう》見続けました。みな、なぜか、若くして亡くなりました。

これら三人の伯母《おば》、伯父《おじ》、叔父《おじ》は、いずれも周囲からはスーパースターのような扱いをされた人ばかりです。

三人とも、もとは人より優れた容姿《ようし》や頭脳や運動神経を持っていました。はたから見れば、幸せになる条件を十分にかね備えていました。

しかし、人を思いやる心を、かけらも持っていなかった。損得抜きで人と付き合う、人に尽《つ》くす心がなかったと思います。

そのため、いったん手にしたと思ったものも、次々とみごとに失《な》くしていました。

そして、悪いことはいつも人のせいにし、いつも誰《だれ》かを、何かを恨《うら》んでいました。

そして自分の欲を満たすためなら、家族や知人がどうなろうと、何とも思わないというところが共通していました。

私は、この恐ろしく堕落《だらく》した人生を間近《まぢか》に見て、絶対に、どんなことがあっても、あの人たちのようにだけはなりたくない、と思って生きてきました。

「人の幸せに、お金、美貌《びぼう》や学歴、身体能力や肩書《かたが》き、名声などはあまり関係ないのだ。一時は、得をした！　もうかった！　と思っても、心のあり方が間違っていたら、人はいくらでも不幸になりうるのだ」ということを、私は思い知らされて、育ったのです。

私は長らく、母の損ばかり、苦労ばかりの人生を、ただただ無念に思ってきました。

それで、母にまで幸せを分け与えられるほどの幸福な結婚《けっこん》がしたい、と強く思うようになりました。

不器用でも優しい母のことが大好きだったからです。だから母に、幸せな結婚《けっこん》生活を、子どもが世界一幸せに育つさまを、見せて安心させたかった。味わってほしかった。

しかし、「この人なら」と思って結婚《けっこん》した夫（パパ）との夫婦生活は、次第に冷え冷えとしたものに変わっていきました。

それでなおさら、私は自分を、ダメ人間だと思うようになりました。

なんてダメな娘であり、妻なんだろう、と。

そんな苦しみのなかで、良い母にだけはなりたい、と育児書を読みあさって、努力しました。

しかし、そのことが却《かえ》って、子どもたちを深く傷つけることになったのです。

夫との心の距離が遠くなって

後に、坪田信貴《つぼたのぶたか》先生がこうおっしゃっています。

「経験上、夫婦仲が悪いご家庭では、子どもが年頃になったときに、グレやすいようなのです。例えば、お母さんが娘に対して、お父さんに関する愚痴《ぐち》を言っているような家庭では、娘が中高生になった頃に、父親に激しく反抗《はんこう》したりしがちです」

しかし、そうした知見も私にまだなかった、さやかが小学校に上がった頃の夫婦仲は、次第に最悪になりつつありました。

子育てに関する理念に違いがありすぎて、そしてさまざまな価値観の違いが見えすぎてきて、夫婦間で意地の張り合いが生まれてきたからです。

これは、もともとは赤の他人同士である、多くの夫婦が、大なり小なり乗り越えていかないといけない課題なのかもしれません。

そもそも関西出身の私は、吉本《よしもと》（興業《こうぎょう》のお笑い）とお好み焼きで育ったようなものでした。ですので、ある日、お好み焼きとご飯を夫の前に並べたとき、そのお膳《ぜん》が怒りで吹っ飛ばされたのを目にしてびっくりしました。

「この人、お好み焼きが嫌いなの？」

そう思いました。ケンカにはなりませんでしたが、怒りにふるえている夫との距離が、そのとき、とてつもなく大きくなり、家族間でこのような怒りが生まれることが、ただ信じられませんでした。

自分では料理は得意なほうだと思っていました。母から、「学校の勉強はしなくても良い。ただ、家事だけはできるようになれ」と厳しく育てられてきたからです。

ですが、結婚《けっこん》してからは、いつも良かれと思ってやることが、ことごとく夫の気に障《さわ》って、怒りばかり買うことになっていました。

「なぜ自分は、こんなにダメ人間なのだろう?」

と、ずっと抱いてきた自分への情けなさ、悲しさが一気にあふれ出し、打ちひしがれる日々が始まりました。

夫とはあまりにも物のとらえ方、感じ方、また、子育てへの感性が違っていました。

私は、家族の健康を考えて野菜中心の、(関西出身なのもあって)うす味の手作り料理を心がけていましたが、名古屋人の夫は、健康にこだわるよりも、こってりとした濃い味つけが好きでした。

私が、原材料にこだわって、手作りの料理をしたいのに、夫は、安いものでも何でも味は変わらないと言い、手作りかどうかなどにはこだわりません。

私が猫舌《ねこじた》で熱いものが苦手なのに対して、夫は、店でぬるい食べ物が出てくると、怒って責任者を呼んで文句を言うようなタイプです。

私が、エコや健康にこだわって、クーラーや暖房器《だんぼうき》をつけすぎないのに対して、夫は夏は冷蔵庫《れいぞうこ》のように冷やし、冬は蒸《む》し風呂《ぶろ》のように暑くするのを好みます。

私が少しの明かりもつけないで眠りたいのに対し、夫はテレビも電気もつけて眠りたいそうです。

私が、ふかふかすぎる布団《ふとん》で寝ると体が痛くなるのに対して、夫はふかふかの布団《ふとん》でないと体が痛いと言います。

私が、したたかな女性に見えて嫌いなタレントを、夫は素直そうで大好きだと言います。

私が一番感動した映画は、夫が一番つまらなかったものです。

私が、子どもを褒《ほ》めるのと同じポイントで、夫は叱《しか》りつけます。

私がインドア派《は》で家にこもるのを楽しめるのに対して、夫はすぐ外に行ってしまいます。

私が、予定表もない旅が好きなのに対して、夫は旅の綿密《めんみつ》なスケジュールが崩《くず》れることに耐《た》えられません。

私が、部屋のなかに植物や小さなペット、思い出の品を置いて大事にするのが好きなのに対して、夫はごちゃごちゃしたわが家を「ごみ屋敷《やしき》だ」と嘆《なげ》きます。

私が病院や薬が嫌いで、健康マニアなのに対して、夫は不健康なことが大好きで、何かあるとすぐ薬を飲んで済まそうとします。

私が、朝5時に起きたいのに対して、夫は朝5時から寝ます。

私が「起こったことはすべて必然。ピンチはチャンス」とよく言うのに対して、夫は「大変なことが起こってしまった、もう最悪だ、おしまいだ」とよく言います。

私が、行き当たりばったりで、ひらめきに任せて生きたいのに対して、夫は、石橋を叩《たた》いて叩《たた》いて、慎重《しんちょう》に渡りたいタイプです。

私が、友人は少人数尊重タイプで、人付き合いが少なめなのに対して、夫は、友達や人脈《じんみゃく》こそが宝と、いつも友人に囲まれ、幅広い膨大《ぼうだい》な数の友達を、みんな大事にして付き合っていきます。

私が不言《ふげん》実行タイプなのに対して、夫は有言《ゆうげん》実行タイプです。

私がダメ人間だと自覚して育ったのに対して、夫は優等生で、何でもそつなくできる万能タイプとして育ってきました。

子育てに関しては、私は「子どもにかかる手間やお金は、何の結果が得られなくても無駄《むだ》だとは思わない」「贅沢《ぜいたく》はさせてやれなくても親ができることは精一杯《せいいっぱい》してあげたい」と思っているのに対して、夫は「妻（=私）がやることはお金を無駄《むだ》にすることばかりで、自分はどんなに働いても一向に楽にならない」「人間にとっての一番の不幸は、金に困ることだ」と思っています。

とりわけて、最後のお金に関する考え方が一番強く夫をしばっていました。幼少の頃から、自分の父親の作った借金のせいで、大変な苦労をした経験からです。そのせいで、私や娘には、できれば一銭《いっせん》の金も使わせたくない、家計はおれが守らないといけない、とまで思わせたのでしょう。

とにかく、私が大事にこだわっているようなことに関しては、当時の夫は不思議と「おれは世の中で、これが一番嫌いで、どうしても許せないんだ」と言い出していましたので、結果、私が何をしても、夫を怒らせてしまう状態が続きました。

その頃の夫は、自分の生い立ちから築《きず》き上げた正義感を胸《むね》に、持論に関してはゆるぎない自信を持っていて、私に譲《ゆず》ることはありませんでした。

こうした価値観のあまりの違いから、私のなかで、ある時期、夫への愛情が急速に冷めていくのを感じました。

脱サラして経営者になったばかりの夫は、起業の重圧のなか、私の愛情が冷めていくのに呼応《こおう》するかように、毎晩のように女性のいる店を飲み歩き、朝方まで戻らず、家にいるときは怒りっぽく、家族を怒鳴《どな》るだけの人になっていきました。

私は、ますます愛情が冷めていき、家では夫を冷たく無視し、目も合わせない日々になっていきました。


さやかも長男も幼かったあるとき、私が腎盂炎《じんうえん》を起こし、高熱で動けず、救急車を呼ぶ電話すらかけられず床に倒《たお》れていたことがありました。飲みから帰宅した夫は、その私の状況に、全く気づきませんでした。

それほど夫婦間の心の距離は、離れ始めていたのです。

軸をはずしかけていた信念

これほどまでに正反対の感性の夫婦が、日々ケンカをしながら一緒《いっしょ》に暮《く》らしていく意味は何なのか——私はずっと考え、悩みながら生きてきました。

私たち夫婦は、長年にわたる日々のいがみあいに疲《つか》れ果ててしまい、次第に、何が子どもたちにとって本当に良いことかなど考える気力はなくなっていました。

私は、ただただ目の前の苦しみから逃れることしか考えていませんでした。

私は、離婚届《りこんとどけ》を書いて持っていました。

今考えると、「母に喜んでもらえるあたたかい家庭を築《きず》き、子どもたちを世界一幸せにする」という信念は、自分の都合で、軸《じく》をはずしかけていたのです。

末っ子で、さやかより6歳下の妹であるまーちゃんは、夫が、私や長男を怒鳴《どな》り散らし、いがみあいが始まると、お仏壇《ぶつだん》の前に行って、泣きながら、家族が仲良くなるよう祈《いの》り続けていました。

夫婦二人が離婚届《りこんとどけ》に判を押したその日のことです。

まーちゃんは「私の家族」という作文を書いて、小学校でめずらしく褒《ほ》められ、それを家族みんなの前で発表したのでした。

私は、そのなかに出てくる「私はこんなバカみたいなことで笑っている家族が大好きです。一番イヤなのは、家族がばらばらになってしまうことです」という娘の言葉に、胸がしめ付けられ、懐《ふところ》に持っていた離婚届《りこんとどけ》を、そっとかばんのなかに隠しました。

今思うと、私たち夫婦は、育ってきた環境があまりに違っていただけで、お互いに悪気があったわけではなかったのです。でも、当時の私は、「自分は悪くない」とばかり思っていて、夫の立場に立って考えることがどうしてもできませんでした。

夫による、長年にわたる経済封鎖《ふうさ》などのせいで、怒りや憎しみがつのっていたからです。

しかし、そうした夫婦のいがみあいによって、子どもが苦しんでいる。

思春期を迎えたささやかの夫への激しい反抗《はんこう》、やはり思春期になって怖そうな目つきの友人たちと家を出て戻らなくなった自暴自棄《じぼうじき》の長男の姿を見て、そうはっきりわかったとき、頑《かたく》なに考えを変えられなかった私に、気づきが訪れました。

夫のことを理解できなくても「子どもたちのために、この人が、間違いなく家族を幸せにしてくれる人だ、と信じよう」と思いました。

そして驚《おどろ》いたことには、夫も同時期に、私と同じような気持ちになっていたと、後で知りました。

いがみあっていた夫婦が、家のなかに恨《うら》みつらみをうごめかせていたがために、子どもたちはいつも心のどこかで恐怖にふるえていた。夫婦間の恨《うら》みの感情に招《まね》かれてやって来たかのような不運の連続に、なによりも子どもたちが苦しんでいた。

あるとき、夫婦二人がほぼ同時期にそう悟《さと》ったのは、今思っても意外な一致《いっち》でした。

バカみたいに損ばかりしていた私の母の真実

私がそのときまでずっと考えていたことがあります。

それは、母のような不幸な人生を歩みたくない、ということです。

母は、人を助けることばかりをやって、お礼を言われることもないのに、身を削《けず》ってまで欲深い姉や兄弟に尽《つ》くし、バカみたいに損ばっかりして、自分が楽をすることはありませんでした。

助けたきょうだいに、どんなにひどい仕打ちをされても「罪《つみ》を憎んで、人を憎まず」と言い続け、自分を犠牲《ぎせい》にするだけの人生。

そんな母のような人生を、自分も歩むのではないか、という恐怖心を私は持っていました。

でも、そうした思いとは反対に、そのとき初めて気が付いたのは、母はとても幸せな人だったのではないか、ということでした。

母は確かに、身を尽《つ》くしても逆にバカにされ（「人に金を貸して良い気分なんだろう！」など）、損ばかりしてきました。

にもかかわらず、どんなときも、母は「罪《つみ》を憎んで、人を憎まず」と言って、何度でも騙《だま》され、バカにされるのです。

私は「そんな生き方をする母が、どうか幸せになりますように」と願って大きくなりました。そしていつか、「私自身が、母を幸せにしてあげられる人になれますように」と願うようになっていきました。

私には2歳上の優しい兄もいますが、兄もきっと私と同じ気持ちであったと思います。

無欲な母の姿が、子ども心にも不思議と美しく見えていたせいかもしれません。

そう考えますと、転落していった母のきょうだいのなかで、一番幸せだったのは、わが子からそのように愛された、私の母だったのではないか、ということに気づいたのです。

そして、実際、自分のことを後回しにして「人が笑っている姿を見れば、自分も満たされてしまう」という母は、不思議とめったにない幸運の数々を引き寄せる人でした。

最初の嫁《とつ》ぎ先の旦那《だんな》さんのご家族も、次に嫁《とつ》いだ家の旦那《だんな》（私の父）の家族もすばらしい人柄の方々でしたし、不思議と、後で高くなる土地を安く買える運などが巡《めぐ》ってくる母親でした。人に気に入られることも多く、あるときは、見かけではわからなかった人が、実はかなりの名士で、予想もできないチャンスをもらったりすることもありました。

なぜ母には、こんなに幸運がやって来るのだろう――母が言うように、神様は見てくれているのだろうか。

急にそう気づいた私は、損得勘定《そんとくかんじょう》やプライドから行動するのはやめよう、そして、子どもたちのこと以外は、もうどうでもいいと思いました。

子どもたちは、間違いなく、私と夫のせいで苦しみ、怯《おび》え、心が傷つき、幸せを幸せと受け取れない体質になっていました。

その向きを変えるためなら、そのほかのことは、どうでもいいのだ。

今までの夫とのいざこざ、もめごとが、自分へのこだわりやプライドから起こったものであるなら、そんなものは捨ててしまおう。

思春期を迎《むか》えた子どもの苦しむ顔を思い浮かべたら、夫のどんな言動も気にならなくなり、そんなことは、どうでもいいと思えるようになりました。

嫌《いや》がらせや経済封鎖《ふうさ》があろうとも、夫を恨《うら》まなければ、路頭《ろとう》に迷うことはないでしょう。

そう思ったら、とても気持ちが楽になって、すがすがしい気持ちになりました。


なんということでしょうか。

いらないこだわりを捨てたら、ずっと笑っていられるんだ。

私には、家に元気に帰って来てくれる子どもたちがいる。

元気でさえいてくれれば、後はなんでも良い。


そうして私が、両手いっぱいに握《にぎ》りしめていたこだわりを、ぱっと捨ててしまったら、不思議と、予期せぬすばらしいものがどんどん手に入って来るようになりました。

私が楽しそうにしていると、不思議と、怒りに満ちていた夫も、人が変わったように、怒ることがなくなりました。とても不思議でした。

今までの夫とは、別人に思えました。

真実は、今のこの夫の姿なのであって、私の夫を否定する心が、夫を悪人に見せていたのだ、と思いました。

このことに気づき、自分の心を改めたことによって、音を立てて自分たちの運命がどんどん変わっていくのを感じました。

そして今では、かつては見るのもイヤだった過去の写真やビデオも、夫婦で笑って見られるようにまでなり、つらかった思い出は他人事のように感じられるようになりました。

第三章

さやか自身が語る、もうひとつのビリギャル物語～その2

※坪田氏の塾に通っていた頃の高2のさやか

受験勉強の原動力

坪田《つぼた》先生と出会った次の日から、私は「慶應《けいおう》に行くことにしたんだー」と学校で言いふらしました。

しかし、内心、本当に行けるとは、まったく思ってもいませんでした。

でも、いつも学年ビリかその付近の成績の私が「慶應《けいおう》に行く」と言えば、きっとウケると思ったのです。

予想通り、先生や友人たちは、けらけら笑いました。

「行け、行けー！」

また変なこと言って、無理に決まってるだろ、という思いを通り越して、友人たちは

「さやかは、ほんとにアホだな」

と笑っていたのです。内心は、私もみんなと同じ気持ちでした。

なので、バカにされても、まったく悔《くや》しいという思いや、怒りなど、これっぽっちも感じませんでした。なにせ、私が言っていたのは、冗談だったのですから。

では、なぜ、自分でも内心そう思っていたのに、受験勉強をちゃんとやろうと思ったのでしょうか？

それは、正直に言うと、トップクラスの難関《なんかん》私立大学である慶應《けいおう》を目指して勉強をしていれば、東京にある他大学のうちひとつくらいには合格できるんじゃねーか？　と、内心では思っていたからです。

とりわけ、当時、タレントの山下智久《ともひさ》さん（山Pさん）が明治大学に通っているのを知っていた私は、「明治……いいな」と、ひそかに思っていたのでした。

坪田《つぼた》先生も、おもしろい人だと思っていました。

何がおもしろいか、というと、話がとにかくおもしろかったのです。

こちら側に知識がなくても、聞いていて楽しかったし、もっといろいろなことを知りたい！　と思わせてくれる雑学やよもやま知識を毎日話してくれました。

私は坪田《つぼた》先生に言いました。

「先生って、話、上手《じょうず》だね。聞いてて、おもしろいわ」

すると先生はこう言ったのです。

「じゃあ、なおさら慶應《けいおう》に行くべきだよ。君がおもしろい！　と思う人が、きっとごろごろいるよ」

「まじ？　すげー、何その世界！　ウケる！」

こんな会話をしたのを覚えています。


こうして先生と、いろいろな話を毎日するうちに、いつしか私は、本気で、「慶應《けいおう》」に行きたい、と思うようになっていきます。

慶應《けいおう》に行って、何をしたかったのか？

それは、私にとって一生の財産となるたくさんの出会いをしたかったのです。それが私の志望動機《どうき》でした（そして後年、実際に慶應《けいおう》は、私にすばらしい出会いを数多くもたらすことになります）。

一流企業に勤めて高収入や安定を得たい、などといった発想はまったくありませんでした。


「君は人が大好きなんだね。いつも誰《だれ》かの話をしてるもんな。慶應《けいおう》に行って出会う人は、きっと君にいろいろな刺激《しげき》をくれて、一緒《いっしょ》にいるだけでいろんなことを教えてくれる。そして、自分が本当は何をしたいのかも、そこで見つかるだろう。それが何より君にとって一生の財産になるんだ」

こうした日々の言葉に影響され、私は慶應《けいおう》にどうしても入りたくなりました。

「そこには、一体どんな人たちがいるんだろう。どんな友達ができるだろう。先輩《せんぱい》たちはどんなだろう。その人たちは、私にとって、どんな存在になって、それによって私はどんなふうになっていくんだろう……！　早く、未来の友人たちに会いたい！」

そう考えて、ワクワクすることが、私の受験勉強の原動力になったのです。

今思えば、人付き合いを何よりも大事にする私の性格を見越しての、坪田《つぼた》先生のお声がけだったのでしょう。

始まった、新しいことだらけの毎日

受験勉強を始めてからは、新しいことだらけの毎日でした。

同じ場所にお金を払って通い詰《つ》めたことなんて、カラオケボックス（「オンチッチ」

と「裏モーツァルト」というお店）以外はありませんでした。習い事もいろいろ試しましたが、すぐに飽《あ》きてしまって、続いたことがなかったのです。

母は、私にワクワクするものを見つけてほしくて、いろいろチャレンジさせてくれたのですが、どれもダメでした。ピアノ、習字、お絵描き——唯一《ゆいいつ》本気になりかけたのは得意な水泳でしたが、でも水泳も、学校の選手に選ばれれば、それで十分くらいの意識でやっていました。それ以上やるつもりはなかったのです。


でも、坪田《つぼた》先生が当時勤務《きんむ》していた塾《じゅく》には、初めて毎日通いました。そしてそれが、なぜかつらくなかったのです。

毎日、坪田《つぼた》先生がいて、他の先生方や生徒さんたちがいて、笑いが絶えない塾《じゅく》でした。というか、みんなが勉強しながらも、私の言うことに大ウケしてくれたのが、なんだか楽しかったのです。

坪田《つぼた》先生としゃべっていると、私の発言に必ず坪田《つぼた》先生が爆笑して、後ろに置いてあるノートに私の発言をメモするのです。今までそんなことをする大人はいませんでした。

他の先生も坪田《つぼた》先生のノートを見に来て、笑ってくれて、気づけば教室中が爆笑しているなんてことがしょっちゅうありました。

なぜ笑われているかは、いまいちわからないときがほとんどでしたが、不思議とイヤな気持ちはしませんでした。

「君みたいな子が慶應《けいおう》に行ったら、本やドラマ、映画になるレベルだよ、いやマジで！」と先生は言っていました。

「そうかな、えへへー」と照れる私に「照れるのは、受かってからな」と、つっこみも忘れない先生でした。

そんなはたから見たら漫才《まんざい》のような坪田《つぼた》先生との会話でしたが、私なりに毎日発見があって、感動の連続だったのもこの時期のことです。

ものを知ってる人って、おもしろいんだな、と。

坪田《つぼた》先生は、何でも知っている物知りな人に思えました。この人、毎日何してるんだろう？　雑学《ざつがく》をこんなに知ってるなんて、すげー暇《ひま》なんだろうな、と思いました。

「先生ってさ、どうしてそんなにいろんなこと知ってるの？」

「そう思う？　じゃあ、君もたくさん本を読めば？　おれ、1日1冊は読むよ」

「1日で1冊、読み切れるの？　どんくらいで読むの？」

「2〜3時間もあれば1冊読み切れるかなあ」

超人だと思いました。本をそんなに速く読めるなんて信じられない！

先生はよく、私が信じられないことを言いました。そしてそれらは、どうやら本当らしかったのです。

この先生が言ったことは、不思議と何でも叶《かな》う気がしました。

私、本当に慶應《けいおう》に行けるんじゃ……？

高校2年の夏に塾《じゅく》に通い始めた私でしたが、遊ぶのをやめたのは高校3年生になる頃です。

その間どのような生活をしていたかというと、まさに寝る間を惜しんで遊んでいました。とりわけ高校2年の夏には、夏休みを一瞬《いっしゅん》も無駄《むだ》にしないぞ、という思いで全力で遊んでいました。

しかし、それでも、坪田《つぼた》先生との勉強や宿題の約束は守り抜きました。たぶん、この高2の夏が私の人生で最高に充実していた期間だったと思います。

毎日が過ぎるのが本当に速くて、勉強も遊びも一番がんばった時期でした。

「私にとって、高校最後の遊べる夏休み。後悔したくないんです。思いっきり遊ばせてください！」

という意味のわからない私の願いを、半ばあきれ顔で承諾《しょうだく》してくれた坪田《つぼた》先生のためにも、悔いが残らないくらい遊びつつ、しかし着実に先生から渡されたテキストをこなしていきました。

それで、夏休みを終える頃には、小学4年生レベルの教材からやり直し始めた私の学力は、なんと中学1年生レベルに追い付いていました（つまりみなさんも、恥ずかしがらずに、自分が詰《つ》まっているところまで戻《もど》って勉強をし直せば、意外と短期間で、小学校時代の数年の遅れを取り戻《もど》せる、ということです）。

「おれは一銭《いっせん》も払わんからな」

いっぽう、家では、相変わらず父と仲が悪いままでした。

「おまえなんかが慶應《けいおう》に受かるはずないだろうが。きっとその先生は詐欺師《さぎし》だ。おまえを塾《じゅく》へ通わせる金なんて、どぶに金を捨てるのと一緒《いっしょ》だ。だからおれは一銭《いっせん》も払わんからな」

父が吐《は》いたこの言葉、それへの怒り。

絶対見返してやる。あいつに謝《あやま》らせてみせると思いました。

昔からそうだった。パパはずっと家族を苦しめてきた。

ああちゃんをいじめる悪者だった。

パパのせいで、みんなが泣いた。

ああちゃんはいろんなことで泣いた。

弟は毎日殴《なぐ》られて、けられて、あざをつくって泣いた。

それを見て妹も泣いた。

私は、そんなパパが許せなくて泣いてきた。

そして、やっと見つけた娘の夢をバカにして、応援《おうえん》すらしない――父親なんてろくなもんじゃないなと、思いました。

そう思えば思うほど、父との関係は悪化していったのです。

そうして、塾《じゅく》には１日も休まず通いました。そして坪田《つぼた》先生に、父の悪口を毎日、聞いてもらっていました。

坪田《つぼた》先生はいつも小テストの採点をしながら、愚痴《ぐち》を聞いてくれました。そのなかで、こんなことを坪田《つぼた》先生が言いました。

「人間の感情のなかで、一番強いものは、何か知ってる？」

「食欲？」

「欲ではなくて、感情だよ。喜怒哀楽《きどあいらく》とか言うだろ？　人間の感情で一番強いものは〝憎しみ〟なんだ。君は、今、お父さんに非常に激しい憎しみを抱いているね。それは君にとって、とても大きな原動力になりうるんだよ。だから、もし慶應《けいおう》に受かったら、お父さんにも感謝しなくちゃな」

笑いながらそう言う先生の言葉に、私は、「なるほど、それはラッキーだな」と素直に思いました。

パパは応援《おうえん》していないつもりでも、私はそのおかげでとんでもない大きな原動力をもらっているわけだ、それは悪くないな、と思い直したのです。

「もう、やめちゃいなよ」

そして、受験勉強を始めて１年がたった頃、また夏がやって来ました。

この高３の夏は、遊び歩く気など、さらさらありません。

しかし、周りには受験とは縁遠い子もいましたし（私がいたＡクラスは特に、受験をしない子のためのクラスでしたので）、受験をするといっても、私ほど根《こん》を詰《つ》めて勉強している子などほとんどいませんでした。

それで、たまに、みんながうらやましくなることもありました。

「私もみんなと一緒《いっしょ》に遊びたい。おしゃれして出かけたい……」

と思うときが確かにあったのです。

ですから、余計に自分を追いつめる必要がありました。

「今の私には、そんなことを思っている暇《ひま》などない。だから、どこにも行けないような、ダサい格好《かっこう》をしよう」

私はそう決め、実践しました。髪《かみ》をばっさり短く切り、穴のあいたジャージにリュックサックを背負《しょ》って……（それも幸い、友達には「さやか、なにそんな不細工《ぶさいく》になってんの？」とウケていましたが）。

そして毎日、日記をつけました。坪田《つぼた》先生に「つけたら？」と言われたからです。いろいろなことをがまんする代わりに、受験が終わったらしたいことを文字に書き出しました。1ページじゃ足りないほど、書くことがありました。これもまた原動力にすればいい。

心理学に詳しい坪田《つぼた》先生には、こうした自分のメンタルの操縦《そうじゅう》法もたくさん教わりました。

「おれね、昔、金なくて、トイレットペーパーをパスタみたいにして食べてたんだよね。水に溶《と》けるから、なんとか食えるの。マヨネーズとかかけると。君の苦しみなんて、ほんとちっぽけなんだって、わかる？」

この人、かわいそうすぎると思いました。

「そんなにストレスがたまって、ニキビが増えるくらいなら、何か発散したほうがいいよ。でも家で自習している深夜に大声を出すとはた迷惑だよね。だから、マクラを顔に当てて『ああああー！』って叫《さけ》ぶと、声も響《ひび》かなくていいよ」

こんな、へんなアドバイスをたくさんくれました。

「なんだそれ？」

と思っても、他に方法を知らないので、全部、とりあえず実行してみました。

するとやはり不思議と、先生の言う通り、心が落ち着くのでした。

心理学を研究していたことをよく話してくださったので、上手《じょうず》に転がされているんだろうな、という感覚はありましたが、でも、それが不思議と心地良かったのです。


当時は、誰《だれ》よりも勉強している自信がありました。そして、誰《だれ》よりも成長している感覚がありました。

ずっと慶應《けいおう》がE判定（＝合格は絶望的という判定）だった全国模試《もし》の結果も、そろそろ変わってきて良い頃なんじゃないか、と思っていました。

でも、結果は、相変わらず、全然ダメでした。

高校3年の秋頃――模試《もし》の帰り道で「正直もう無理だ」という思いが、頭をもたげました。

「だってこんなに勉強してるのに、結果に表われない。坪田《つぼた》先生の言ってること、本当なのかな？　最後に君が、今は上にいる受験生たちを一気に追い抜くよ、だから僕《ぼく》を信じてくれ、と先生はずっと言っていた。でも本当に大丈夫なんだろうか」と急に心配になって――、そうしたら、信じられるものが何もなくなりそうで怖《こわ》くなり、とめどなく涙《なみだ》があふれて、とまらなくなってしまいました。

それで、模試《もし》会場まで車で迎《むか》えに来ていた母に、その帰り道の車中で、やつあたりをしました。そして、むくれて何の返事もしない私に、母は、

「さやちゃん、今日はおいしいものを作って食べようよ！　力がつくものがいいかな。サムゲタンはどうかな？」

と言いました。私は泣きながら母について、デパートに入りました。

受験勉強のせいで、デパートに行ったのは何カ月ぶりかでした。以前、友達とここで試食めぐりしたなあ、それで試食品と間違えて売り物のコロッケをアサミが食べちゃったんだよなぁ……といった思い出が心によみがえってきました。

母は、買い集めた食材と私を車にのせ、家に帰りました。

「さやちゃん、（料理を）手伝ってくれる？」

私が自分の部屋に上がろうとしないのを見て、母がめずらしく声をかけました。

私はサムゲタンを作るのを手伝いながら、

「ああちゃん、さやか、もうダメかもしれない。こんなにがんばってきたのに、模試《もし》すら全然できないんだよ。慶應《けいおう》なんて、受かるわけないよ」

私は泣きながら言いました。するとああちゃんがこう言ったのです。

「もう、やめちゃいなよ、さやちゃん。よくここまでがんばったよ！　でも、そんなにつらいなら、やめちゃいな、ね？」


そのとき、私は、坪田《つぼた》先生に手渡した封筒《ふうとう》のことを思い出しました。

母が、坪田《つぼた》先生の塾《じゅく》に通うための学費を百数十万円かき集めてくれた、そのお札《さつ》が入った分厚い封筒《ふうとう》。

パパに経済封鎖《ふうさ》され、お金に困って、何かアルバイトをしながら（最近知ったのですが、配送業やレジ打ちなど、何でもしていたそうです）何とか私たちの食費をやりくりし、数百円の洋服をうれしそうに着て外出している母が、どうやってそんな大金をかき集めたのか――当時の私には想像もできませんでした（実際は、子どもたちのために積み立てていた定期預金をすべて解約《かいやく》し、生命保険も解約《かいやく》し、持っていた数少ない貴金属《ききんぞく》品やアクセサリーを全部売るなど、あらゆる手を尽《つ》くしたのだそうです）。

その封筒《ふうとう》を受け取った坪《つぼ》田《た》先生の言葉を、今も忘れません。

「さやかちゃん、この封筒《ふうとう》持ってみて。この重み、絶対忘れるなよ。お母さんの思いがつまった、この重みを忘れるなよ。そしていつか、これを倍にして返すんだ」

母が「もう、やめちゃいなよ」と言ったとき、この言葉が心によみがえったのです。

「やめるわけいかない。ここまできてやめたら、みんなに本当に笑われる。ああちゃんだって笑われる。パパには、ほら見ろ、とバカにされる。私を無視し続けている学校の先生たちも、同じように思うだろう。坪《つぼ》田《た》先生は……がっかりするだろうな」

一瞬《いっしゅん》にして、いろいろなことを考えました。

「やめるわけに、いかない。やめるわけない。ダメでも、最後までがんばるしか、もうない」

そう思い直しました。

だから、私はそのまま黙《だま》って部屋に上がって、また勉強を始めました。

あこがれの場所へ

でも、やはり不安は、拭《ぬぐ》い切れなかったのです。

次の日になっても、やはり元気が出ませんでした。

見かねた坪田《つぼた》先生が、初めて私を叱《しか》りました。

「そんなにやる気がないんなら、もうやめれば？　そんなんじゃ、もう無理だよ」

「……やめません。やります」

「じゃ、どうすんの？」

「がんばる」

「そんなんで？」

「……」

「明日さ、慶應《けいおう》、見に行ってくれば？」

坪田《つぼた》先生は、突然《とつぜん》こう言いました。実際にその目で見て来い、と。

「第一、君、慶應《けいおう》、慶應《けいおう》って言ってるけど、まだ見たことないんでしょ、慶應《けいおう》のキャンパス？　あきらめるにしろ、1回くらい見て来れば？」

「はあ……」

その話を私から聞いた母は、次の日、名古屋から車を運転して東京へと私を連れて行きました。小雨が降っていて、外は昼なのに暗かったのを覚えています。

私も相変わらず暗かった。母と会話もせず、ワイパーの動く音だけを聞きながら、いろいろ考えているうちに、すぐに東京に着きました。


まず、ああちゃんが車を走らせたのが、明治大学でした。

そこにいる大学生は、みんなキラキラして見えました。新しい校舎がきれいで、まさにキャンパス・ライフという感じでした。山Pさんは、見かけませんでしたが、「ここでもいいな」と、そのとき思いました。

次に、ああちゃんは、慶應《けいおう》の三田キャンパスへ行きました。ついた瞬間《しゅんかん》、私は、歴史を感じさせるレンガづくりの建物に圧倒《あっとう》されました。他大学とは、雰囲気《ふんいき》が全然違うな、と。

なかに入ると、緑の木々がトンネルのようになって生《お》い茂《しげ》っていて、校内は広く、授業中だからなのか、雨だからなのか、学生はほとんど見かけませんでした。

大きな木が真ん中に1本立っていて、不思議な雰囲気《ふんいき》に包まれていました。

そこにしばらく、私は黙《だま》って立っていました。


帰りの車のなかで、私は言いました。

「ああちゃん、さやか、やっぱり慶應《けいおう》がいいな。慶應《けいおう》に行きたい」

「うん。さやかなら、行けるよ！　一緒《いっしょ》にあと少し、がんばろう！」

私はこれ以降、一度も迷うことがなくなりました。

弱音《よわね》を吐くのはもう終わりにしよう。

後は全力で最後まで、かけぬけるのみ。

第四章

母としての失敗と改心

※幼い日のさやかとああちゃん

幸せを感じるための条件

坪田《つぼた》先生の塾《じゅく》に通いだした高校2年の頃のさやかとその周りの友人たちは、それぞれ何かに傷つき、みな本来優秀であるにもかかわらず、学校を上手《じょうず》に抜け出しては、集まって、お互《たが》いをなぐさめあっていたのだと思います。

私の知るところでは、みな、(当時の周囲がそう呼んでいたような)不良なんかではありませんでした。

ともすれば、そこから本当の悪の道へ堕《お》ちていく誘惑《ゆうわく》もあったでしょう。しかし、さやかやその友人たちは幸い、道をそれませんでした。

「悪いことをしようとすると、お母さんが悲しむ顔が心に浮かんだ。だから一線は越えなかった。自分の母親は、こんな自分のことも愛して信じてくれていると知っていたから」

さやかも、さやかの中学時代からの親友でギャル仲間だったアヤカちゃんやエリカちゃんも、そう口をそろえて言っています。

そんななか、さやかは、坪田《つぼた》先生と出会うことによって、学ぶことに底知れぬワクワク感を見出したのでした。

知らないことを知るのは、人間にとって、もともとはワクワクすることなのではないでしょうか。

でも、多くの学校では、そのワクワク感を正常に機能させられず、先生方も悩まれているのではないか、と想像します。

いっぽう、ワクワク感を感じられないでいる生徒たちのなかには、上からの押し付けへの反抗心《はんこうしん》や嫌悪感《けんおかん》、学ぶことへのアレルギー反応ばかりを抱いてしまう子が出てきます。

学ぶことの喜びや楽しさを知らずに育ってしまうのは、子どもにとっても社会にとっても、不幸なことだと思います。

「さやかさんは、本当はただ遊びたくて、さぼっていただけで、もともと地頭《じあたま》が良かったんでしょう？」

とよく言われるみたいです。これに関しては、坪田《つぼた》先生が、

「１３００人の生徒を見てきましたし、うちの塾《じゅく》の生徒の約15パーセントは学年ビリ経験者なんですが、東大に行く子も、ビリの子も、地頭《じあたま》の差なんてたいしてないんです。要

は、遅れているか、いないかだけ。どんな子でも、難関《なんかん》大学に合格できない地頭《じあたま》の子なんていないのです。つまずいて、わからなくなったところに、戻《もど》ってやり直す。高校2年でも、小4の知識で詰《つ》まっているなら、そこに戻る。それだけのことで、できない子が、できる子に変わっていくのです」

とおっしゃっています。

私が、「ワクワクすることだけをしていて、いいんだよ」と言い、のびのびと、したいことを十分にさせてきたことで、さやかは興味のない学校の勉強をさぼっている間に、友達を多く作り、輪を広げていくコミュニケーション能力を立派に培《つちか》っていたと思います。

そして好きなことに取りくむ際に、ネガティブにならず、素直に自分を信じて、やる気をのびやかに発揮《はっき》できる子に育ちました。

それでいったん、その興味《きょうみ》が受験に向かいだした途端《とたん》、爆発的《ばくはつてき》ながんばりを見せられたのではないか、と思います。

そして、そうしたコミュニケーション能力と、素直に自分を信じてがんばれる才能の2つが、大学へ進学した後や、社会に出てからも、大いに役に立っている様子です。

この2つが備わっていたら、人は幸せを感じて生きられると思うのです。

とはいえ、かく申している私も、前述のように、本当の子育てに目覚めるまでは、子どもの顔色をよく見もせず、世の育児書の多くに書いてあることばかりを真似《まね》し、母として、たいへん間違ったことばかりをくり返してきました。

逆に言えば、途中からでも子育てはやり直せるものだ、とも今は思っています。

そうした意味からも、母としての私のした失敗に関して、ここから改めて、昔にさかのぼってご紹介していきたいと思います。

私は体験から学びましたが、これからの話で、若い読者のみなさまには、ぜひ失敗の体験などなさらずに、子育てについて先回りして考えていただければ幸いです。

「これが愛情なのだ」という過《あやま》ち

さやかは、中学・高校で友達づくりの楽しさに目覚め、いつも人の輪のなかにいて、コミュニケーション能力をみがき、慶應義塾《けいおうぎじゅく》大学時代にアルバイトをしていた東京の居酒屋《いざかや》の店長さんからは「お客さんとの距離《きょり》を縮《ちぢ》めることに関しては、最初からうまかった。どんな客ともいい感じで距離《きょり》を取れる、接客上手《せっきゃくじょうず》だった」とまで言っていただきました。

社会に出てウェディング・プランナーになってからは、担当したお客様のほとんどと、今でも私的なおつきあいがあるようです。

でも、実は、幼い頃のさやかは、どうにもならないことですぐ落ち込んだり、いじけたりする、友達のできない引っ込み思案《じあん》な子でした。消極《しょうきょく》的で弱々しく、傷つきやすい子だったのです。

私は、前向きで、うまく気分を切り替えられる子になれるように、母親としてできることは何か、を考えていました。

でも実際は、無知な母親のした間違った育児のせいで、娘がいじけた子になっていたのだ、と気づいたのは、もっと後のことでした。

まったくいつも、子どもの態度《たいど》や様子から、自分の失敗に気づいていくことばかりのダメな母親でした。ただ、失敗から学び、切り替えることには潔《いさぎよ》い母親だったと思います。

私は自分の生い立ちから、さやかを「世界一幸せな子に育てる」決心をしておりましたので、暗中模索《あんちゅうもさく》のなか、世の育児書を読みあさり、わが子の理想の未来像を心に描いて、必死の子育てをしておりました。

しかし、当時は、「親の考える幸せ」を子どもに押し付けていた面がありました。

例えば、さやかの1日のタイムスケジュールを細かく立てては、体に良いことだけをさせ、体に良いものだけを与え、汚れた手で触ろうとする人には、悲鳴を上げてしまうような母親でした。

睡眠《すいみん》時間を削《けず》って、たくさんの育児書を読み、その表情は子育てのことでピリピリしていて、子どもに向ける笑顔も引きつっていたと思います。

そんな母親が、良い結果を生めるはずもなく――かえって、さやかを病気がちの、神経質で弱々しい子どもにしてしまいました。

子どもの生活に過剰《かじょう》に干渉《かんしょう》することで、子どもの自立心や自信を損《そこ》ない、子どもの持って生まれた才能をゆがめさせるような、間違った母親だったと思います。

当時は、育児の世界で一般に常識とされること、模範《もはん》的とされていることを、本から拾って実践《じっせん》しておりましたので、なかなかうまくいかず、「本当に正しい子育てとは何か」にいつも思い悩んでおりました。

その頃は、周囲の多くの親御さん同様、「厳しくしつけることが、将来《しょうらい》の子どもの幸せにつながる」と信じていました。

自分を育ててくれた母から「厳しさこそが、何よりの子どもへの愛情なのだ」と私は経験的に学び、そう思い込んでいました。

なので、さやかがイヤがっても、「これでいい、これが愛情なのだ」と自分に言い聞かせて、叱《しか》っていました。

今でも胸しめつけられる若い頃の子育て

そのうちに、2歳下の弟（長男）が生まれ、きかん坊《ぼう》の弟を叱《しか》るのに忙しくなり、さやかのことは厳しく叱《しか》ることもなくなりました。

幼少期のさやかは、すっかり、親の都合に合わせてくれる、世間一般で言う「良い子」になっていました。

幼少期のさやかは、やんちゃな弟にも、ずいぶんがまんしていたと思います。

幼い弟は、さやかがうっかりコップの牛乳をこぼすと、自分は1リットルの牛乳パックを逆さにして、どぼどぼこぼすのを喜ぶような子で、悪魔《あくま》のようないたずらの限りをつくし、いくら叱《しか》っても収まらず、かえって反抗《はんこう》的になるばかりで、私は頭を抱えていました。

今でも朝、胸がしめつけられ、涙《なみだ》が出て飛び起きることがあります。

もう20年もたっているというのに、未熟で何もわからずに必死の育児をしていたときの夢を見るのです。わが子を叩《たた》いてしまったときの夢です。

若い頃は、試行錯誤《しこうさくご》のなか、泣きながら幼いわが子を叩《たた》いて、悪い子にならないようにと、心のなかで叫《さけ》んでいました。でも、わからせようとすればするほど、子どもの行動は悪い方向に行き、言うことをまったく聞いてくれませんでした。

しかし、後に子どもの心を理解できるようになってきたとき――子どもへの正しい接し方を知ったとき――後悔で、胸がしめつけられる思いでした。

幼い長男が、遊んでいるときに物を乱暴《らんぼう》に扱《あつか》おうとも、物を散らかし放題でも、暴れて、物や着ている服がぼろぼろになっても、泥《どろ》だらけで洗濯《せんたく》が大変でも、どんないたずらをしても、元気でいてくれるのだから、と思うようにし、怒らない努力はしていました。

ただ、女の子や、他人を傷つける子にだけはなってほしくなかった。姉妹への乱暴《らんぼう》で、あまりにそこが心配になったときは、叩《たた》いて、いましめようとすることがありました。

「ああちゃんは、三人とも同じようにかわいくて仕方がないのよ。本当は、あなた(長男)を叩《たた》いてしまって、心が痛くて泣きたくなるの。だから、わかってちょうだい」

そう言って、何度もわからせようと叱《しか》るのですが、長男は一向に聞かず、私がおしおきでしっぺをした小さな手が赤くなるだけでした。

私はそれを見て、涙《なみだ》があふれてきました。

そのやり方自体が間違いであった、と気づいたのは、かなり後になってからでした。

幼稚園《ようちえん》に入る頃の長男は、じっとしていられず、いつも飛んだり跳《は》ねたり、サッカーボールをけったりしていました。

「おはよう」のあいさつ代わりにサッカーボールをけってぶつけてしまい、相手の子が鼻血《はなぢ》を出してしまったこともあります。

私は「また、やってしまった」と思いましたが、当の長男は、謝《あやま》るどころか、もうどこかに走って行ってしまっていて、いないのです

お菓子《かし》が幼稚園《ようちえん》で配られたとき、「一人1個ずつよ」という先生の声を無視して、長男は3つ、わしづかみにして走っていきます。

みんなが仲良く、おとなしく遊んでいると、遊んでいるおもちゃを取り上げて、走って行ってしまいます。

誰《だれ》かが丁寧《ていねい》に描きあげた絵を、走って来て落書きし、ぐちゃぐちゃにしてしまいます。

ご飯は、コーンスープとお寿司《すし》以外、座ってなど食べません。

静かにしていなければいけないところでは、大声を出して暴れています。

〝悪い子〟のレッテルを貼《は》られても仕方がなかったのかもしれません。

しかし、そのひとつひとつの行動が、未熟《みじゅく》な母親だった私の〝長男への接し方〟のせいだったことに気が付いたとき、私はとても後悔しました。

私が「やめなさい！」と制止したことのすべてに関して、息子は悪いことをしたとは思っていませんでした。それが息子を、さらに暴れさせていたのです。

幼い頃には、もともと悪いことをしようと思ってする子はいないのです。

その子自身が持っている個性を認められず、子どもの心を理解できなかったばっかりに、私が長男をますますきかん坊《ぼう》にさせていたのです。

親の価値観で、子ども自身が良かれと思ったことを制止させられ、叱《しか》られると、子どもの心は傷つき、反抗《はんこう》的に変わってしまいます。

このことは、あるとき、私の確信となりました。

当時の私は、大人の勝手な都合や、体裁《ていさい》、見栄《みえ》で、長男を叱《しか》る母親だったのです。

長男はもともと、口が達者ではなかったので、体や態度《たいど》で気持ちを表現することが多くありました。そうした個性を理解できなかったばかりに、私は、頭ごなしに「悪いこと、乱暴《らんぼう》なことをしている！」と、長男の行動を決めつけていました。

そして、悪気のない子どもの遊び心から発達していく発想力や思いやりが、頭ごなしに叱《しか》られ続けることでいじけ、屈折《くっせつ》し、もっと親の言うことの逆をしてやろう、という結果を招いていたのです。

例えば、お菓子《かし》が配られたとき、なぜ長男は他の人のことを考えず、一人で欲張《よくば》って3つも持って行ってしまったのでしょうか。

私は、長男を幼稚園《ようちえん》のみんなの前できつく叱《しか》ってしまった後で、

「みんなで分け合わないといけないのに、どうして一人だけたくさん取るの？」

と聞きました。すると長男は、

「おねーちゃんと、(妹の) まーちゃんの分」

と言って、走って逃げて行きました。

そのとき私は、なんと愚《おろ》かな母親だったのかと、涙《なみだ》が出ました。

その優しさや思いやりは、ほかの人とは、表現方法が違っていただけなのです。子どもなりの、あまりにも荒削《あらけず》りなやり方のなかに、深い優しさがあったのでした。

「聞かない子には、厳しくスパルタ式でしつけるしかない」

そうした気持ちや個性を理解してあげ切れなかった若き日の私は、幼かった長男が姉妹にからんでいくことをとにかくやめさせようと、ひどく叱《しか》り、怒りをあらわにする母親でした。

そのために、長男の行動は、どんどんひどくなっていきました。

姉や妹の物をわざと盗《と》ったり、姉妹が楽しくおもちゃで遊んでいると、自分は欲しくもないのに、取り上げて投げ捨ててしまいます。

それを拒《こば》もうすると、姉妹の髪《かみ》の毛をひっぱったり、押し倒《たお》してしまいます。

姉が集中して字を書いたり絵を描いたりシール遊びをしたりしていると、くちゃくちゃにしてしまい、走って逃げてしまいます。

おやつや好物は、独り占めにしてしまいます。

私が子どもの成長段階の正常な変化を理解できず、怒って叱《しか》ることしかできなかったことで、長男は〝悪い子〟になりかけていました。

でも、この息子のことをよくよく見れば、家に姉妹がいないととても心配をしたり、どこかでお菓子《かし》をいただくときは絶対に姉妹のことを忘れることはありませんでした。それなのに私は、ただただ、姉妹と仲良くしてくれることを望み、長男への叱《しか》り方をもっとエスカレートさせていました。

育児書を読み、「聞かない子には、厳しくスパルタ式でしつけるしかない。大きくなったときに、人に迷惑をかけない子にするためには、頭やお尻《しり》を叩《たた》くのではなく、手や足に、厳しくしっぺをすると良い。なぜなら、そのときは痛くても、痛みが記憶に残らないからである」などともっともらしく書いてあったので、心を鬼《おに》にして、私はその通り実践していました。

それでも、長男の態度《たいど》は改まらず、むしろどんどんどんどん、ひどくなりました。

私は手を替《か》え品を替《か》え、子どもが言うことを聞く方法を模索《もさく》し続け、とうとう「悪いことをしたら、怖い思いをさせる」ことにまで及《およ》びました。

もし悪いことをしたり、人を叩《たた》いたりしたら、暗い公園に一人置いてくることを、長男に言って聞かせ、約束をさせました。

しかし、次の瞬間《しゅんかん》にはもう忘れて、暴れて、何もしていない妹を、何か気に入らないことで叩《たた》きました。

私は（今でも思い出すのが怖《こわ》いくらい、この愚《おろ》かでひどい行動を呪《のろ》っています）、約束《やくそく》通り、暗くなった人気《ひとけ》のない公園に、泣いて謝《あやま》っている長男を縛《しば》って置いてきました。

もし誰《だれ》かに連れて行かれたり、車にはねられたりしたらいけないので、長男の手を木にひもで縛《しば》って、その場を離れ、遠くに隠《かく》れて、長男の様子を見守りました。

心配でたまらず、かわいそうで、私のそばにいて泣いていた姉妹も、その間、しばらく泣くのをがまんしていました。

でも、結び方がゆるかったせいで、長男は即座《そくざ》にひもをほどいて、飛び出してきました。

そこで、慌《あわ》てて出ていき、また、やってはいけないことについて、言って聞かせようとしました。

でも、恐怖に泣きわめいている長男の耳には、何も入っていなかったと思います。

こうしたひどい方法も、どの方法も、間違いをくり返すばかりで、本当は素直で優しかった息子を、私が間違ったほうにひねくれさせていたのでした。

平井先生のおっしゃる子どもの性善説《せいぜんせつ》

児童《じどう》心理学者　平井信義《のぶよし》先生は、子どもはけんかをしながら健《すこ》やかに育つ、とおっしゃっています。

世の多くの親御さんには、なかなか理解しがたいところかもしれませんが、もう少し早くこの先生のご著書と出会っていたら、長男の教育の悪循環《あくじゅんかん》を早く断ち切れたのにと残念でなりません。

平井先生のおっしゃる「性善説《せいぜんせつ》」からしますと、4歳までの子がやることはすべて「善」であって、すべてを認めてあげることで、思いやりのある子に育つのだそうです。

姉妹をいじめることも認めるなんて、とお思いかもしれません。

でも、そうではないのです。

まず、私の長男の場合でしたら、姉妹と仲良くしようとする意識は4歳までは、親は子どもに期待すべきではない、と知るべきだったのです。それは、幼児の心理の発達のなかではまず無理なのであって、それが正常なのだと知って、育児に取り組むべきだったのです。

愛する親に、いらだちや怒りを伴《ともな》って叱《しか》られることで、もともと善の意識しかない子どもは、戸惑い、傷つき、親への信頼を少しずつ失っていきます。

私も、後に気づくまでの間、長男に恐ろしい怒りの顔、鬼《おに》の顔を向けていました（今では思い出したくもない事実です）。

結局、「このままでは長男が悪い子になってしまうのではないか」と、長男を信じ切れなかった母の疑いが、その頃の長男を傷つけ、悪くさせていた根源であったと思います。

自分を信じてくれていない人を信じられないのは、子どもにとっても、当然です。

また、良い子と悪い子というのも、所詮《しょせん》は大人の都合で決めた基準であって、私が悪いことと決めつけていたことは、息子の悪意による行動ではなかったのです。

それに気づいたときから、夢のなかでまで長男に謝《あやま》り続け、本来の優しい、才能あふれる長男に戻《もど》っていってもらうまで、絶対に自分の過《あやま》ちを忘れまい、と私は誓《ちか》いました。

長男の問題行動の背後にあった思いやり

今思えば、わが家の子どもたちは——特に長男は、幼い頃から、まじめぶることを少し恥ずかしく思う性格だったようです。おふざけが好きで、性に合っていたのです。

私は、幼稚園《ようちえん》の頃からけっしてまっすぐに歩かない長男のことを、ちゃんとまっすぐに並んで歩くのが苦手な子なのかと思っていました。

でも今、長男の息子（私の孫）である幼児《ようじ》の世話をしているお嫁《よめ》さんに気づかせてもらったのですが、やっと歩けるようになったばかりの、片言《かたこと》しかしゃべれない年頃でも、子どもは、ふざけて笑ったり、ふざけてお母さんを笑わせようとするものらしいのです。

幼い頃の長男も、とにかく、みなと同じことばかりしている、まじめぶった自分の姿が、恥ずかしいようで、ついふざけていたのだと思います。

幼稚園《ようちえん》の先生には問題行動と思われかねないような、他の子と一人違うことをする子。わが家の三人の子どもたちは、そんな子たちでした。

今思えば、それは、何でも楽しいのが良くて、重苦しい場を、ふざけてなごませたい、子どもなりの思いやりでもあったのでしょう。

本来、子どもは、そういうものなのです。目を吊《つ》り上げて、「なんで、みんなと同じことができないの！」と叱《しか》りつけるような問題ではなかったのです。

例えば、今の私の孫は、ご飯を食べさせてもらうとき、まだ言葉があまりしゃべれないにもかかわらず、

「おっとっとっと」

と言いながら転ぶふりをします。お母さんが笑うと、それをもっとします。

もしも、しつけ第一のお母さんだったら、「ご飯はおとなしく食べなさい！」と叱《しか》って、子どもも、次第にやらなくなることでしょう。

でも、その代わり、人を喜ばせようとした気持ちを踏みにじられた苦痛は、心に残ります。そして、食事も楽しくなくなり、好き嫌いの激しい子になるのではないかと思います。

でも、今、優しいお嫁《よめ》さんと、孫の心が理解できる長男は、幼児のおふざけに付き合って、心から笑っています。

長男は、孫の口に、わざと食べ物をのせたスプーンを持っていかず、やはり「おっとっ

と」と言って、孫のおでこに当てます。孫が笑うと、次はほっぺに当てます。笑い転げた後で、孫は、最後には食べ物を口に入れ、たくさん食べてしまいます。

この年齢《ねんれい》から、お行儀《ぎょうぎ》など、しつける必要はまったくなかったのです。それでこそ、子ども本来の思いやりや、サービス精神が伸びやかに育つのだと思います。

そんな孫を見て、私は改めて長男の子ども時代を思い出しました。

長男は、お遊戯《ゆうぎ》や移動のときに、「前の人の肩《かた》を持って、まっすぐに並んでください」と言われても、一人だけおどけて、手を上にあげて、漫才師《まんざいし》の方がするように白目をむいて、舌を出して、ふらふらしていました。

すると、すぐに先生が飛んで来て、厳しく叱《しか》られ、やめさせられます。

すると、すぐに今度はひざを曲げずに脚《あし》をまっすぐにしたまま、おもちゃの兵隊みたいに歩いて行きます。また、息子のところだけ列が乱れて、先生が飛んで来ます。

何かあるたびに、わざとイスから転げ落ちて、おふざけをします。

それを笑ってくれる子がいると、ますます喜んで、その子の前に行って、ふざけて、変な顔をしたり、やることがなくなると、ズボンを下ろして、お尻《しり》を見せたりします。

その姿は、大人たちには、反抗的《はんこう》で挑発的《ちょうはつ》に見えました。
「がみがみと注意をしてくる大人をバカにしているのか？」と、言うことを聞かせるのに必死な先生には、そう思えたようでした。

それらが悪意からの行動ではなかった、とはっきり理解できるようになったのは、遅ればせながら、孫とお嫁《よめ》さんの姿を見てからです。

あの頃の長男は、きっと、いつも私や周囲に、心から笑ってほしかっただけだったのです。

私はなんと理解の浅い母親だったのでしょう。

長男は、生まれつきユーモア精神が旺盛《おうせい》で、自分が怒られても、周りの子を笑顔にすることを優先させる、子どもなりの思いやりを持っていたのです。

もし、幼い長男の善意《ぜんい》を信じ、その罪《つみ》のないユーモアや独創性、思いやりを理解できていたら――長男はその思春期に、徹底《てってい》した自己否定と自暴自棄《じぼうじき》に陥《おちい》ることもなかったのではないか――今ではそう思えます。

子どもを「叱《しか》る」弊害《へいがい》とは？

教育者の長谷川由夫《よしお》先生は、そのご著書のなかで、子どもを「叱《しか》る」怖さを、このように説明されています。

「叱《しか》る」とは、ある行為を否定禁止する「罰《ばつ》」の1種である。

誰《だれ》しも、あたたかい信頼関係があるときには相手を「叱《しか》る」などとは思いもしない。

人間関係において、信頼と罰《ばつ》とは、相反《あいはん》する。罰《ばつ》が続けば、信頼関係は壊《こわ》れる。

また叱《しか》ることは、手段として限界があり、悪循環《あくじゅんかん》を作る。勉強をしないことを叱《しか》り続ければ、さらに勉強しなくなる。

もっと押さえつけを徹底《てってい》して、子どもを叱《しか》り続ければ、爪《つめ》かみ、言葉のつっかえ（吃音《きつおん》）、おねしょ、ずる休みなどの神経症状や問題行動におよぶことがある。

「叱《しか》る」ことは、ストップをかけるだけ。なにが良いかを示さないから期待行動は起きてこない。悪い行動はやめても、良いこともしない子になる。

むしろ恐怖と不安からいじけ、消極《しょうきょく》的になり、何もしなくなる。

さらに長期におよべば、叱《しか》る程度を、より上げなければ効かなくなる。

そして、それは、叱《しか》る者への敵意となって返ってくる。

あるいは、子どもの自発性や自信を奪い、顔色を見る子になる。そうした子は、力に弱い権威《けんい》主義者になり、強い者には絶対服従《ふくじゅう》し、弱い者には、冷酷《れいこく》に攻撃を加えるようになる。

わが子が「弱い者いじめ」をするのは、親が子を叱《しか》り続けたことによる、当然の結果である。

また、親の勝手な見栄《みえ》や世間体《せけんてい》、日常の不満不安、いら立ち、自分自身の心理的安定のために、子どもを叱《しか》っているケースも、多くあるのではないか。

自分の気が済むまで叱《しか》り続け、それが激化すると、子どもが見えなくなり、親が自分を保てず、子どもの全人格を否定するようになり、子どもはひどく傷つく。

そうしたなかで叱《しか》られて育った子は、大人の身勝手さ、大人の無反省さを見抜く力が育ち、人間不信が心のなかで育つ。

人に対する「不信と敵意」と、親の態度《たいど》を真似《まね》た「弱者への攻撃」の2つが結合すると、「いじめ」現象が生じる。

叱《しか》られつけた子は、2タイプに分かれる。

耐性《たいせい》ができて、不信感で図太くなり、人への敵意を心に宿したたくましい子が「いじめっ子」となる。いっぽう、敏感《びんかん》でちりちりと萎縮《いしゅく》した子は「いじめられっ子」になる。

叱《しか》るなら、まず自分を叱《しか》るのが第一だ。自分を叱《しか》っている人は、他を叱《しか》るひまはない。

――私は、こうしたことを長谷川由夫《よしお》先生の『あなたと子供が出会う本』（情報センター出版局／１９８６年刊）で学びました。

私は叱《しか》ることの負の連鎖《れんさ》を自分の体験から学び、これこそ真実だ、と確信しました。

叱《しか》ってしつけたことで、さやかはいじけた子になりかけていました。

このままでは弟もまた、いじけた子になっても、おかしくないと悟《さと》りました。

叱《しか》らない子育ての始まり

ここまで悟ったのはだいぶ後のことですが、なんとなく「叱《しか》る」ことの危険性を悟りつつあった、次女が生まれる前の私は、長男を叱《しか》らずに済むように、姉のさやかと一緒《いっしょ》に外に連れ出して遊ばせることに徹《てっ》するようになりました。

思えば、長男に関しては、その性格やふるまいを考慮《こうりょ》して、幼稚園《ようちえん》選びからもっとよく考えておくべきだったたと思います。

長男が「お姉ちゃんと同じ幼稚園《ようちえん》に行きたい」と言うので、同じ幼稚園《ようちえん》に入園させましたが――それが入園後に、この子には、大変苦痛となったのです。

それまで、おとなしい姉と比べられ、男の子の扱い方を知らない母親に叱《しか》られ、エネルギーを持て余していた長男のことです。

その幼稚園《ようちえん》の、〝外遊びをほとんどさせず、時間をきっちり決め、決められた席にじっと座れない子は叱《しか》られる〟という方針は、長男には合っていませんでした。

エネルギーを発散させながら、発想力を育《はぐく》めるような幼稚園《ようちえん》を選ぶべきだったのです。

長男には、じっと座って授業を受けることは最大の苦痛であったでしょう。

なのに、子どもに合った幼稚園《ようちえん》選びなど考えられなかった私は、安易《あんい》に、自分の手間が省けるからと、幼い長男の要望通り、姉と同じ幼稚園《ようちえん》に長男を入れてしまったのです。

当時はいろいろ思い至れなかった私でしたが、とにかく、子どもたちのエネルギー発散《はっさん》のため、かんかん照りの暑い日も、雨の日も、風の日も、雪の日も、毎日毎日お弁当を作って公園へ出かけるようになりました。

果たして、公園や広い場所で遊ばせると、やんちゃな弟のいたずらや、姉弟ゲンカに頭を悩ませることも少なくなりました。

その頃に暮《く》らしていた地域は、荒々しい野原を、閑静《かんせい》な住宅街《じゅうたくがい》へと開発している最中で、まだ多くの自然が残されていました。

戦国時代に、お侍《さむらい》たちがその池で血に染まった刀を洗ったため、水の色が赤く染まったという謂《いわ》れのある通称《つうしょう》「血の池」と、池の半分に水草が生い茂ったもうひとつの大きな池の、ふたつがある大きな公園が、さやかと長男の毎日の遊び場になりました。

それらの池は、井戸から水を引いていて、その水路が公園を縦断《じゅうだん》していました。

池には、子どもを驚かせるのが趣味《しゅみ》の、ガーコという、ちょっと凶暴《きょうぼう》なアヒルが親子で棲《す》んでいて、私たちもよく追いかけられました（ガーコは、後に自分の子アヒルをも池から追い出してしまったほどでした）。

まだ立ち並ぶ家も少なく、公園に来る人も少なかったので、自分の庭のように毎日わが物顔で、自由に遊んでいました。

公園を縦断《じゅうだん》する石づくりの小川には、夏でもひどく冷たい水が流れていて、さやかも長男も、お友達と、あるいは一人でも、毎日その小川のなかを駆《か》けめぐり、身体がキンキンに冷たくなると、林に囲まれた遊歩道をはだしで駆《か》け回りながら、登れそうな木を探してよじ登り、大公園の探検をして回っていました。

また季節になると、木の実や花を、自分の物のようにして育てていました。

そんな自然のなかでお弁当をほおばると、またすぐに小川を目指して駆《か》け出すのです。

そんな調子ですので、家に帰ると、幼い二人はクタクタですぐ眠ってしまいます。

そんな毎日でしたので、私が怒ることも叱《しか》ることも、その公園に通っている間は少なくなったのです。

悪循環《あくじゅんかん》

そうこうするうちに、長男の4歳下の妹まーちゃんが生まれて、病気で入院することが多くなると、上の二人をどうしても母に預けることが多くなりました。

長男のやんちゃぶりに私の母がどう対応してくれるのか心配でしたが、まーちゃんの入院が長引くと、案の定、完璧《かんぺき》主義の母の精神は乱れ切ってしまい、せっぱ詰《つ》まったように、「あんたのしつけはひどすぎる。息子をちゃんとしつけないから、姉のさやかがかわいそう過ぎる」と非難してきて、私に早く帰るように言ってきました。

母は懸命《けんめい》だったのです。孫への愛情が深いほど、姉弟のけんかには心を痛め、自分のやり方がうまく行かないことに悩んでいました。

と言われても、病気のまーちゃんを放っておくことはできず、いっぽうでは、外遊びができない長男が暴れて叱《しか》られまくっているのではと、身を引き裂《さ》かれる思いでした。

私の母がそう非難するのはもっともでした。

そして、外遊びに頼るだけの、まだ未熟すぎた私は、母の言葉を聞いて、

「やっぱりもっとひどく叱《しか》らなくては」

と、（後に悟った正しいやり方とは）逆のことをしてしまいました。

苦しいなかにまた悪循環《あくじゅんかん》を伴《ともな》い、追い詰《つ》められた私は、どんどんエスカレートして息子を叱《しか》るようになりました。

その結果、息子は、いつしか隠《かく》れて妹をいじめるようになってしまいました。

そうして、私が本当に改心する、長男が小学校に上がって間もない頃には、夫婦間の確執から、今度は夫が、息子を自分一人で抱え込むようになっていきます。

それまでの、母親（私）の間違った子育てにより、無口で、不器用で、素直さに欠ける態度《たいど》に育った息子を、野球で叩《たた》き直すんだと、夫は勇《いさ》んでいました。

夫は、外遊びで培《つちか》われた長男の身体能力を見込んで、自分が徹底《てってい》的に鍛《きた》えて、絶対にプロ野球の選手に育てようと決めていました。

夫自身は、小さいときから優秀で、自分にできないことはないと信じている人でした。言い方を変えれば、自分が得意なこと、できることの世界で生きてきた人です。ですので、自分が鍛《きた》えれば、息子が途中で挫折《ざせつ》するなどということは、思いもよらなかったようです。

それでも、当初は、夫は息子と、楽しく生きがいの感じられる日々を過ごしていたはずです。

自分をも見失うほどスパルタ教育に熱が上がり過ぎて、夫が我を見失い、息子の様子が狂い始めるまでは。

「私、2年生からは、学校に行かない」

長男と外遊びをしていた頃の幼いさやかが、初めて自分からSOSを発したのは、小学校2年に上がるときでした。

「すべり台で友達に押されて落ちた。私、2年生からは、学校に行かない」

そう言ったので、私は、

「そう、わかったよ」

そう言いながら、心のなかでは「さて、どうするかなー」と思っていました。

なぜ、さやかがそう言ったのかは、だいたいわかっていました。むしろ、いつ言い出すか、と思っていた矢先の、新学期の1週間前のことでした。

さやかの通う小学校は荒れており、小学校1年のときからいじめが横行《おうこう》していました。それまでさやかと仲の良かった友人たちが、あるきっかけで、さやかをいじめてくるような雰囲気《ふんいき》になってきていたことを、私はさやかから聞いていました。

このままでは、さやかの長所である、ゆったりとした思いやりのある仕草《しぐさ》や穏《おだ》やかさは、ここでは、いじめの対象になっていく――私はそう予感していました。

すぐ次の日、私は学校に出向き、担任の先生にお話を伺いました。

はっきりと聞いてみたのです、娘はクラスになじめていますか、と。すると、

「はい」

と、かんたんに答えてくださいました。そこで私は、こうご相談しました。

「実は今まで申し上げなかったのですが、A子ちゃんがB子ちゃんに、いじめられていたことがあるそうです。B子ちゃんは、さやかの仲良しグループのリーダーだったので、それに驚いたさやかは、『何でそんなことするの?』と抵抗《ていこう》したそうです。するとB子ちゃんは、さやかに向かって、ニヤリと笑ったそうです。

さやかは、その後、少し日をおいて、次第に矛先《ほこさき》が自分のほうへ向いてくるのに気が付かずに過ごしていたと思います。

学校で一人ぼっちになるのがイヤで、相変わらずグループで遊んでいたけれど、遊びのなかに日々イヤなことが続き、毎日悩みを私に話してくれました。あるとき、悪口を言われて、みんなから大笑いをされたところ、そのなかに、唯一《ゆいいつ》信じていた、近所に住むC子

ちゃんが入っていたことで、もう一人ぼっちが確定した、と感じたそうです」

するると先生は、いら立ったように、こうおっしゃったのです。

「この辺りの子が、ガラが悪いのは、承知の上ですよね？　一人、二人の話ではなくて。でも、みな、それでうまくやっているんです。B子ちゃんたちに言い返すぐらいになっていただかないと。さやかちゃんは住んでるところも一人だけ離れていますし。人間、大勢《おおぜい》の勢《いきお》いには、どうしても逆らえないものです。長いものに巻かれて、うまくやってほしいですね」

「では、うちの子の個性は無視して、強い者が間違ったことをしていても、いじめをしていても、それに従って、へつらって、うまくやるように、ということですか？　私はそんな説明は、さやかにはできません」

その後、3時間近く話し合った結果、私はついに言ってしまいました。

「たくさんお話しさせていただいて、ありがとうございました。まだ1年生が終わったばかりの年齢《ねんれい》ですので、もしも先生が、それぞれの個性を尊重して大事に育てていくつもりだ、といったお言葉を言ってくださったら、さやかのことはお任せしようかと思っておりました。さやかを何か特別に扱ってほしいわけではありません。もしも先生だけでも、毎日そうやって一人一人の子どもを見ていてくださるのでしたら、どんなことがあっても、わが子を応援《おうえん》して、こちらの小学校に通わせていただくつもりでおりましたが――たいへん申し訳ないのですが、明日から、さやかは、もう学校には来させません」

初めて通じた母としての思い

そう言ってしまった帰り道、私は「どうしたものか」と考えました。

でも、先生との話し合いの結果、信頼関係は結べない、とわかった以上――さやかの様子を見に学校へ来ることも禁止され、このまま学校と教育方針について認め合えないまま、イヤがる娘を無理やり学校に送り込む――そんなことは、どうしてもできませんでした。

娘のわがままだとか、ささいなことだとは、私には考えられませんでした。

さやかがノートの端《はし》に、「学校がいやだ」「つらい、つらい」「学校に行きたくない」から「学校に行かない」と書いてくるようになっていたからです。

「さやちゃん、もう学校行かない?」

「絶対行かないよ！　楽しくないし、仲良くしようと思っても、みんなすぐケンカしてくるし、イヤなことばっかやろう、って言われるんだもん」

「そうか、楽しくないなら仕方ないよね。ああちゃんは、さやかは間違ってないと思うよ。さやちゃんの気持ちが、一番大事なんだよ、ああちゃんは。さやちゃんの優しい心が傷つけられて、変わってほしくないから、そのためだったら、ああちゃんは、何でもできるよ」

それから私は、こう提案しました。

「じゃあ、小学校ってもうひとつあるんだけど、また違う小学校に一度、行ってみる？」

「優しい子いる？」

「行ってみないと、わからないけど、もしかしたら、すごく楽しいかも？」

「さやかが行ってもいいの？」

「いいに決まってるじゃん」

それから、反対方向の学校に、事情を話し、必死にお願いをしました。でも、こうした転校にはいろいろ差し障《さわ》りがある、と、なかなか許可してもらえませんでした。

そこで、母としての思いを、聞いていただきました。

「もし、ここの学校に通わせていただけなければ、うちの子は小学校には行かないでしょう。本人は強い意志で、行かない！　とはっきり申していますので、引っ張って行っても、泣いて帰って来るでしょう。もしも無理やり行かせても、子どもの大事な個性はつぶされてしまいます。それぐらいなら、私は自分の信念を持って家庭で勉強を教えます。もうどこの学校へも通わせません」

しばらくして先生が静かにおっしゃいました。

「わかりました。考えは私も同じです。かんたんなことではありませんが、私の責任で特別な転校生として転入手続きをします。ゆくゆくは弟さんも一緒《いっしょ》にこちらへ来てください。そのほうが、さやかちゃんが〝特別扱いされた〟と思いにくいでしょうから」

私は涙《なみだ》が出ました。この先生が、一人の小さな女の子の未来を真剣に考えてくださったことがうれしかったのです。いつも信じてきた強い思いが、初めて通じた、真実となった。心からこの先生に感謝いたしました。

「さやちゃん、明日からこっちの学校じゃなくて、あっちの学校に行こう」

さやかは、

「うん、だったら行く」

と、うれしそうにはしゃぎました。

後に、本人の記憶では、すべり台から落ちたことを大げさに私に伝えたことで学校を転校することになった、というだけのことになっていたので、良かったな、と私は思いました。心の傷は残らず、ささいな事柄だったと本人の記憶に残ったことは、親として大成功だと思いました。自分のやったことが、結果から見れば、少しは良かったのだ、と今は胸《むね》をなでおろしています。


さやかは、この後、卒業するまで一度も「学校に行きたくない」とは言いませんでした。

そして、この頃から、毎日学校での出来事を、さやかは何でも——本当にあらゆることを、よりいっそう私に話すようになりました。通学時にも同行し、多くの行動をともにすることで、よく話し合い、さやかの意思や考え方を把握《はあく》するようにもしていました。

そして、どんなことが起こったとしても、全力で応援《おうえん》しました。そのことが、さやかにとって、何か転ばぬ先の杖《つえ》のように機能したこともあったか、と思います。

そんな杖《つえ》になれることに親として幸せを感じ、何でも話してくれる娘を「本当に親孝行《おやこうこう》な子だ」と感心し、感謝して日々を過ごすようになりました。

また、いつまでも、そうやって相談をしたくなるような母でいられる努力も怠《おこた》らないよう気を付けていました。

子どもが何でも話してくれるならば、いじめの兆候《ちょうこう》にもすぐ気づけます。そうしたトラブルへの対処法《たいしょほう》を一緒《いっしょ》に考えることもできます。

これが何よりの子どもの安全弁《あんぜんべん》であり、そして、親としての喜びにもなるのです。

そして、どちらの方向に背中を押したら、その才能が大きく伸びるのか？　そうしたことを察知《さっち》するためにも、私は常に子どもの絶対的味方でいて、何でも話せる母であろうと心がけるように改心しました。

ダメ人間だった私には、それは最高の自分育てともなりました。

子どもを世界一幸せに育てようと心がけたお陰で、自分の人生が、なんと輝《かがや》き出したことか――感謝の気持ちでいっぱいになりました。

第五章

さやか自身が語る、もうひとつのビリギャル物語〜その3

※慶應義塾大学
卒業時の
さやかと両親

迫《せま》る受験と友情

高3の秋頃には、私の慶應義塾《けいおうぎじゅく》大学受験を、友達も応援《おうえん》してくれるようになっていました。

受かるか受からないかは別として、受験勉強を真剣にがんばっていることは伝わったようでした。

みんなが、日に日に優しくなっていくのを感じました。

いくらバカにされても、めげずにがんばり続けていると、みんなからこんなに優しく見てもらえるようになるのか――それがうれしくて、余計がんばれたのが実際です。

学校では期待もされず、先生達から無視されていたので、いっさい授業は聞かず、ひたすら寝たり（家では一睡《いっすい》もせずに朝まで塾《じゅく》の勉強をしていたので、高校の授業中しか寝る時間がありませんでした）、塾《じゅく》で出された課題である『学研まんが 日本の歴史』を読んだり、勝手ばかりしていました。学校の先生方、すみませんでした！

授業中にひたすら寝続ける私を起こそうとする先生がいると、友達がかばって、とめてくれたりしていたことは、後で知りました。

昼休みには、お弁当も食べずに血眼《ちまなこ》になって英単語を覚えていました。今までずっと一緒《いっしょ》にお弁当を食べていた友達が優しく、「一休みして。良かったら一緒《いっしょ》にお弁当食べない？」と声をかけてくれたこともありましたが——そのときは断ってしまいました。

他の子の、彼氏の話、遊びの話——そういう話を聞くのがつらかったからです。

「ごめんね、今日はやめとくよ」

私は友達の優しさも拒絶《きょぜつ》するほど自分を追いつめていました。

そんな姿を心配してくれる友達も少なくなかったと思います。

そうはわかっていましたが、「あと少し。あと少しのがまん」と自分に言い聞かせていました。

高校からの帰り道、いつも坪田《つぼた》先生の塾《じゅく》まで、一駅余計に一緒《いっしょ》に歩いて付き合ってくれるエミという親友がいました（高３になる前の冬期講習からは、日曜日以外は毎日、私は塾《じゅく》に通っていたのです）。

私の受験を一番近くで支えて、応援《おうえん》してくれた子でした。ギャルではない、見た目も清楚《せいそ》で、先生に逆らったことなど一度もないような、私とはまったく違うタイプの子です。

私が小4並の学力だったときも、「慶應《けいおう》に行くんだ！」という私に、ウソいつわりなく「さやかなら、行ける気がする！」と、本心から言ってくれた、ただ一人の友達でした。

もしかしたら、エミは、私以上に、私を信じてくれていたのかもしれません。

そのエミは、受験せず、エスカレーター式に上の大学へ行く予定でしたが、「さやかがそんなにがんばっているんだから、私も一緒《いっしょ》にがんばりたい」と言って、休みの日には一緒《いっしょ》に図書館へ行って勉強をしてくれました。

学校から塾《じゅく》へ歩く道すがらでは、エミによく、英語の長文問題で出てきた、私が感動した話をしていました。エミは、毎日飽《あ》きもせず聞いてくれました。

私をそっと支え続けてくれたエミは、受験前に、学校で最後に会ったとき、使い捨てカイロをくれました。そこにはクラスの仲間からのたくさんのメッセージが書いてありました。

「さやかならできる！　さやかは誰《だれ》よりもがんばってきたんだから、絶対大丈夫!!」

そういったメッセージ群が書いてありました。

「ありがとう、絶対受かってくるよ！」

そのように、いよいよ試験日が迫ってくると、他の友達からも、いろいろなものをたくさんもらいました。

中学3年のときに一緒《いっしょ》に無期停学《ていがく》になり、退学になった二人の親友エリカとアヤカからも手紙が届きました。そこにはでっかく、「おまえが行かなきゃ誰《だれ》が行く!!」「慶應《けいおう》絶対合格!!」と書いてありました。涙《なみだ》が出ました。すごいパワーをもらいました。

ショーコはお守りを作ってくれました。妹も、フェルトでお守りを作って、渡してくれました。

これらはすべて、慶應《けいおう》受験の際に、お守りとして東京に持って行きました。

最初は「本当に慶應《けいおう》行けるとでも思ってんの？　バカじゃねーの？」と言っていた弟も、「おれの姉ちゃん、慶應《けいおう》行くんだ」と友達に言っているようでした。

みんなの気持ちが、とにかくうれしくて、ぜんぶぜんぶパワーになりました。

坪田《つぼた》先生は「人間の感情で一番強いのは憎しみだ」と言いました。

しかし、このときの私のなかで一番強かったのは、「感謝」でした。受かって、みんなに「ありがとう！」って言いたい——その気持ちが、私のラストスパートの原動力でした。

私にはこんなにたくさんの応援《おうえん》団がいたなんて、それまで気づきませんでした。がんばってきて、良かった、とこのとき心底思いました。

塾《じゅく》に通う最後の日。

坪田《つぼた》先生は、私を自販機《じはんき》のところに連れて行きました。こうして、先生の後ろをついて歩くのも最後なんだなと、ふと思いました。

受かっても落ちても、この塾《じゅく》に通うことはもうないだろう。

いつもと変わらない会話をした後、私はめずらしく改まって言いました。

「先生、1年半、本当にありがとうございました」

すると先生が自販機《じはんき》にお金を入れて、缶《かん》コーヒーを買いました。そしてそれを私に手渡しながら、

「大丈夫。君はきっと大丈夫。これをお守りにして持って行きなさい。必ず、受かってこいよ」

「はい！」

その缶《かん》コーヒーには、とんでもない効力を感じました。

その後、その缶《かん》コーヒーをぎゅっと握《にぎ》りしめて、私は東京へ向かうことになります。

まさか、この缶《かん》コーヒーが私の運命を変えることになるとは思ってもみずに……

大雪だった受験初日の朝に

最初の試験は、名古屋会場で受けた関西学院大学のものでした。

その日は大雪で、朝、「試験、あるのかな？」と心配になるほどでした。

そんなとき、ずっといがみあい、私の受験に関してもずっと口を閉ざしていた父が、

「おれが送ってやる」

と急に言い出したのです。すごくうれしかったです。

車の販売会社も経営している父は、大雪でも走れるスタッドレスタイヤを装備《そうび》した四駆《よんく》の車を会社から借りてきて、私を乗せてくれました。

車のなかでは、「緊張してるか？」と父が聞いてきました。

「全然。今日は練習のつもりだから」

「そうか、おまえ、すごいな。今までがんばってたもんな」

父とこんな会話をする日が来ようとは、思ってもみませんでした。

当時は父がイヤで、仕方なかったのです。中学に上がってからは、父と顔を合わせたくなくて、ずっと避《さ》けてきた毎日でした。

そのとき生まれて初めて、私のことを認めてくれたのかな、と思いました。

私が、がんばってきたことを、ちゃんと見てくれてたんだな。私のことなんて興味ない、と思ってたのに。

それで、ふと、父との思い出を往《い》きの車のなかでたどりました。

正直、思い出は悪いものばかりで――小さいときの父の思い出などは0に等しいのでした。

写真を見返すと、2歳くらいまでは少しだけ、父と一緒《いっしょ》の写真が残っています。

でも、それ以降は、ぱったりと写真が存在しません。

その代わり、母方のおばあちゃんと一緒《いっしょ》の写真が増えていきます。父の穴埋《あなう》めを、おばあちゃんがしてくれていたからです。

私にそれほど無関心だった父も、私が変わったから、変わったんだな、とわかりました。

パパも結局、寂《さび》しかったのかな、と、そのとき初めて思いました。

思えば、パパの味方は、家族のなかには誰《だれ》もいなかった。家に帰っても内心は孤独《こどく》で、みんなのパパを見る目が、きっと嫌いだったんでしょう。

だから、自分から家族をつきはなしていただけなのかもしれない――そう思うと、憎んでいた父を、少しかわいそうだとも思えました。

私のために、今、必死で自分のやれることを探して行動してくれるパパを見て、車の助手席で涙《なみだ》ぐみそうになりました。

今までも、こうして、娘に何かしてあげたかったのかもしれないな。

私が機会を与えてあげられなかっただけかもしれない。

パパに甘えたのは、いつが最後だったっけかな。甘えてほしかったのかもな、と急に反省したのでした。

車のなかでは、ずっとそんなことを考えていました。

試験会場につくと、「さやか、がんばってこいよ！」とパパが私にハイタッチを求めてきました。私は照れくさくなって、「余裕だよ、落ちるわけない。行ってきまーす」と軽くハイタッチして、試験会場に向かいました。

試験会場に入ると、自分の席の隣《となり》に男の子が座《すわ》っていました。同い年でしょうに、私よりも若く見えました。その子が、野球のトレーディングカードをかばんから出して、ふでばこにたてかけ、それに向かっておがんでいました。

私はそれを見て、なぜかふっと力が抜け、「よしっ！」とテキストを出して、ぱらぱらめくってながめました。

とはいえ、この期《ご》に及《およ》んで何かを覚えようとは思っていませんでした。あくまでもリラックスのためです。

試験直前には、あまり詰《つ》め込むようにテキストやノートをにらむことはしないように決めていました。今さらもがいたって仕方ないですし、思考が直前に見たものに支配されがちになりますので——今までやっていないことは、今から覚えたってムダ。今までやってきたことを信じて、後はメンタルで勝つのみ！——と、とにかくリラックスするよう心がけていました。これももちろん、坪田《つぼた》先生の教えでした。

試験が始まりました。関西学院の入試は、英語、国語（現代文と古文）、日本史の3教科だったと思います。どれも、手応《てごた》えがかなりありました。

わずか1年半前は、小学4年生並みの学力と言われ、日本史の知識が「いいくにつくろう、平安京」と間違った知識ひとつきりで、『枕草子《まくらのそうし》』を「マクラノソウチ」と覚えていた私でしたが、この試験は正直、「行けたな」と確信できるものでした。

帰りも、どこかで待ってくれていたパパが迎《むか》えに来てくれていました。

「どうだった?」

待ちきれず、パパが食い気味で聞いてきました。

「こりゃ受かったな」

と私が言うと、

「ホントか〜?」

とパパは笑っていました。まじめに言ったのですが、信じていないようでした。

いざ、東京での受験へ！

それから日にちをそんなにあけず、上京しての受験・第一陣の日になりました。

まずは、明治大学と上智大学の試験を受けることになります。

このときは、母が、東京までついて来ました。ホテルに一緒《いっしょ》に泊まり、試験会場にまで一緒《いっしょ》について来てくれました。

「心配性だなあ」とは思いましたが、内心少し心強かったのは確かでした。

実際に受ける大学のキャンパスに入って試験を受けるのは、初めてでした。

明治大学の試験も、手応《てごた》えが十分でした。

しかし、調子に乗るのも、ここまででした――

その後に受けた上智大学に関しては、全科目とも過去問がすごく楽に解けていて、常に9割以上正答できていたので、私は自信に満ちあふれていました。

だから、失敗するはずがないと思っていました。

しかし、英語の問題を見た瞬間《しゅんかん》、「終わったー」と思いました。

当時の私の英語の偏差値《へんさち》は全国模試《もし》で70を超えており、坪田《つぼた》先生曰く「英検準1級をクリアできるレベル」にあり、The New York Times などの英字新聞も普通に読めるレベルにありました（時事問題についての理解が及《およ》ぶ範囲で、ですが）。

それが、その年の上智の英語には歯《は》が立ちませんでした。去年までの過去問とはまったくレベルが違ったのです。

「なんだこれ!?」――問題の傾向も違えば、出てくる単語の難易度もとんでもなく高くなっていました。

途中まで解こうとして、もう、捨てようと判断しました。そして、答案用紙を裏返して、寝ました。本命の慶應《けいおう》受験の勉強を今夜するために、今、眠っておこうと思ったのです。

同じ校舎で、名古屋の他の私立高校の友人たちが何人か、同じく上智を受けていました。その全員の顔が、青ざめた年でした。

「できた？　傾向だいぶ変わってね？」

みなが同じことを考えていました。

「途中であきらめて寝たわ」と私も強く同調しました。

結局、その年は知り合い全員が上智に落ちました。この年に限っては、英語の試験のレベルが異常に高かった、と坪田《つぼた》先生が後で教えてくれました。

そうして私は、一度、名古屋に帰って来ました。

関西学院大学と明治大学は合格していました。私の代わりに、母がいち早くネットでチェックしてくれていて、「さやちゃん、やったね！」と言ってくれました。

母は内心、ほっとしていたと思います。私も「これで浪人《ろうにん》はなくなった。母に、塾《じゅく》の費用を、もう二度とかき集めさせなくていいんだな」と胸をなで下ろしました。

1週間ほどしてから、上京第二陣の日が来ました。母がまたついて行きたい、と言いましたが、今回は断わりました。

「慶應《けいおう》は、一人で行かせてほしい」と。

母は「わかった！　名古屋から全力で応援《おうえん》するね」と私を見送ってくれました。

慶應《けいおう》受験時の予想外の大失敗

そうして私は、初めて一人で東京へやって来ました。東京とはいっても、神奈川県日吉キャンパスでの試験だったため、ホテルは横浜みなとみらいに泊まりました。

一人で電車を乗り継ぎ、パパが手配してくれた（パパがここでも助けてくれた！）、試験会場に近いホテルに一人でチェックインしました。

１日早く行ったので、ホテルで少し復習をしてから、夕飯ついでに、横浜みなとみらいの街を少しだけ散策《さんさく》してみました。

ホテルから大きな船が見えた、夜のみなとみらいは、海が近くて、潮《しお》の匂《にお》いがしました。

港《みなと》の見える丘公園という公園にも行ってみました。その名の通り、丘の上から海の港《みなと》が見えました。

そこで、ぼーっとしながら、今までの受験勉強のことを思い返しました。

最初はこんなところまで来られるとは、思っていなかったなあ。

最初行きたいと思っていた明治大学に受かったと聞かされても、さほどうれしいと思いませんでした。過去問の成績から、落ちるはずがないと思っていた、というのもありましたが、何より、もはや私には慶應《けいおう》じゃないと、受かる意味がなくなっていたのです。

昔の私だったら、そんな発想は頭に浮かびすらしませんでした。人間って、１年半もあったら、こんなに変われるんだなあ、とそんな風に考えていました。

このとき、最初に坪田《つぼた》先生に聞かれた、プラチナチケットの話も思い出しました。

「君の前に今、何でも夢が叶《かな》うプラチナチケットがある。君はこのチケットを今持っているとすれば、どんなお願いごとをする？」

1年半前の私には、特に何もお願いしたいことなどありませんでした。

でも、今では迷わず、すがりついて泣いてお願いします。

「とにかく慶應《けいおう》に受かりたい。そこで、一生の財産となるであろう、未来の友人たちと出会いたい」

慶應《けいおう》に受かったら、私の人生も交友も、発展するんだろうなあ……どんなかなあ。ワクワクするなあ――と、港《みなと》の見える丘公園で考えていたのでした。

そして、寒くなったので、すぐホテルに戻《もど》って、また復習をしました。

そしていよいよ慶應《けいおう》受験の本命、文学部の受験の日が来ました。

私は文学部の英語の試験が得意でした。過去問ではほぼ毎回、9割以上をとれていました。ですから、絶対的な自信がありました。後は、小論文と日本史さえクリアできれば大丈夫だ、むしろこの学部を落とせば後がない、と思っていました。

まずは日本史。何度も読み直した『学研まんが 日本の歴史』の内容を思い出しながら、必死で暗記したものを呼び起こします。割とできた、と思いました。

小論文も時間内に納得のいくものが書けました。

最後は、余裕を感じていた英語の試験でした。勝負のとき直前に、坪田《つぼた》先生にいただいたお守りを飲もう――と私は決めていました。

ですから、文学部の英語の試験の前に、例の缶《かん》コーヒーを一気に飲み干しました。

そして、これでメンタルもばっちりだ！　と思いました。

そして試験がスタートしました……

するとおなかがへんな音を立て始めました。静かな教室のなかで、おなかの音が鳴るだけでも動揺《どうよう》するのに、次第にトイレをがまんできなくなってきました。

このままじゃやばい、と思い、意を決して手を上げました。

「すみません。トイレに行って来ても、いいですか」

試験官が静かにうなずきました。私はすぐに走ってトイレに行きました。

焦《あせ》って手が震《ふる》えていました。

やばい！　どんどん時間がなくなる！　どうしてこんなときに限って……と泣きたくなりました。でも、おなかを調整することはどうしてもできませんでした。

急いで席に戻《もど》りましたが、おなかが気になって、なかなか集中できません。どうしよう、みんなもうだいぶ進んでいるだろうにな……

するとまた、おなかが活発に動き出すのです。

「すみません、もう一度、トイレに……」

私は絶望しかけました。でも、最後まであきらめませんでした。

ふいに、母の顔が浮かびました。絶対あきらめない――

トイレから戻《もど》ると、遅れを取り返すべく、全力で解きました。でもおなかも気になります。試験時間は90分（当時）でしたが、いつもより短く感じました。

問題を解いている途中で、チャイムが鳴りました。わっと、泣きたくなりました。

過去問の結果からは、受かる可能性があったのは文学部だけ。やばい。落ちたな――と思いました。

いや、でもまだわからない。いやや、わかる、落ちたな——そう思いました。

そのとき、坪田《つぼた》先生の「合格発表までは何が起こるかわからない。一喜一憂《いっきいちゆう》するな」という声が心によみがえりました。

そうだ、まだ試験は残っている。私の受験はまだ終わっていない。

そう気を取り直し、ホテルに戻《もど》って復習を始めました。


そんな折、母から電話がありました。

「お疲《つか》れさま、さやちゃん！　あともう少し、がんばろうね」

どうだった？　とは、聞かれませんでした。きっと気になっているだろうに——さすが、ああちゃん、助かった。聞かれたところで、何を言えばいいか、わからない。

坪田《つぼた》先生にも、すべての試験が終わるまでは連絡《れんらく》をしないと決めていました。

あともう少しで、私の受験生活が終わる——受験が終わったら、どんな髪型《かみがた》にしようか、どこのメイク道具を買おうか、どんな服が流行《はや》ってるのか調べよう——など、いろいろしたいことがあって、ずっと受験が終わるのが楽しみでしかたありませんでした。

でも、今では、受験が終わるのがめちゃくちゃ怖くなっていました。

あれだけ慶應《けいおう》に行くと言いふらしておいて、落ちたら恥ずかしいな。初めてそんなことを思いました。

今思えば、今まで考えたこともなかったけど、私の受験にいろいろな人を巻き込んでしまったな。

私を塾《じゅく》に送っていくために、毎日、一駅余計に歩いてくれたエミ。

授業中、寝ている私を先生から守ってくれたクラスのみんな。

ずっと一緒《いっしょ》に遊んでいたのに、「もう私を誘わないで！」と、つきはなしてしまった友人たち。

さやかと一緒《いっしょ》に受験をしたいと、カナダ留学から一時帰国して、塾《じゅく》の夏期講習《かきこうしゅう》に来た、中学時代のギャル仲間でやはり親友のアヤカ――アヤカに関しては、あまりにも真剣さが欠けている、と私がキレて大ゲンカしたこともあったな。

とにかく、私一人の受験に、いろいろな人が付き合ってくれたのを、このとき思い出しました。

そして毎日深夜に、部屋に背中を静かに見に来るああちゃん。

「授業中にさやかが眠るのを許してほしい」なんて、とんでもないことを高校に直談判《じかだんぱん》しに行ってくれた、ああちゃん。

塾《じゅく》のお金を必死でかき集めてくれて、寝ずに勉強する私の体調管理もすべてやってくれたのに、「受験をやめたい」と言ったら「そんなにつらいなら、やめちゃいなよ」とすぐに言ってくれた、ああちゃん。

私をただただ信じて支えてくれるこの母がいなかったら、慶應《けいおう》という目標を追いかけることはできませんでした。

ありがとうじゃ全然足りないな、私がこの母を幸せにしないといけない——本気でそう思いました。

最初は憎《にく》しみしか感じなかった、あのパパが、勉強する私を見て、見る目を変えてきた。そうか、パパをあんなにイヤなヤツにしていたのは、私だったのか。

関西学院受験のあの日、パパが私に向けてくれた優しい目。あんな優しい目は、記憶にあるかぎり、生まれて初めてでした。

自分が変われば、周りも変わる。イヤなヤツだって、変わる。どうしてこんなかんたんなことが、今まで、わからなかったんだろう。

そしていよいよ私は、受験最終日を迎えました。

受験最終日によみがえった記憶

慶應義塾大学《けいおうぎじゅく》 総合政策学部《そうごうせいさく》。

試験当日、私は朝から、なぜか不思議と落ち着いていました。朝5時には起きて、少し、気になるところだけ、復習をしました。

「朝早めに起きていると、頭の回転が良くなるよ」とは、坪田《つぼた》先生の教えでもありました。そこで、試験が始まる何日か前から、朝型に生活を変えていたのです。午前1時には寝て、朝4時か5時には起きる。そうすることで、試験の時間に脳を絶好調にする練習をしていました。

そのおかげで、その朝もすんなり起きられましたし、朝から脳が快調に動いてくれたようでした。

さあ、試験会場へ！

会場には、時間にゆとりを持って入りました。私の受験席は、すごく広い教室の窓際《まどぎわ》の席でした。慶應《けいおう》生は、こんなに広い教室で授業を受けるのかあ、と思いました。

周りの受験生は、みんな頭が良く見えました。それで少し、緊張《きんちょう》しました。みんなライバル。知り合いがいないのが救いでした。もちろん、私の高校からは、慶應《けいおう》を受ける生徒は、私一人だけでした（毎年、Ｃクラスからは推薦枠《すいせんわく》で受かる子が一人いるかいないかだったようですが、一般入試を受験する子はまずいませんでした）。

総合政策学部《そうごうせいさく》は、受験科目が英語と小論文の２科目だけと、少ないのです。しかし、この英語の問題はとびきり難しい内容でした。また、小論文も、３時間（当時）かけて解く難しい試験で、私は過去問では、この小論文が苦手でした。

いよいよ英語の問題用紙と解答用紙が配られます。

今まで一緒《いっしょ》にがんばってきたシャープペンと消しゴムだけ机《つくえ》に出して、紙が回ってくるのを待ちました。この時間が一番緊張《きんちょう》します。

「はじめ！」

試験官が声を放ちました。

いっせいに紙を裏返す音がして、私も遅れずに裏返します。

問題を頭からすーっと読んでいきました。

坪田《つぼた》先生の「英文には必ず主語・動詞が存在する。それを瞬時《しゅんじ》に確認する癖《くせ》をつけろ！　その文の構成を瞬時《しゅんじ》に見極めろ！」との教え通りに、長文をながめる癖《くせ》がすっかり身に付いていました。

それで、昔に比べたら見違えるほどの速さで英文を読めるようになっていました。

当時の総合政策《そうごうせいさく》の英語は、文学部のそれと違い、選択肢《せんたくし》をもうけていて、そこから正答を選ぶ問題が多いのが特徴《とくちょう》でした。

一見かんたんなように思えますが、これが実に難しい。元となる英文が、英字新聞などから採用されていて、めちゃくちゃ難易度《なんいど》が高いからです。ですから、総合政策《そうごうせいさく》を受けるにあたっては、この英語の試験に一番身構えていました。

しかし、「ん？　なんかかんたんな問題が多いな」と私はすぐに感じました。

「やばいな。これじゃみんなも、かなりできちゃうな。１問も、落とせないな」

しかし、いくつ前に進んでも「これに決まってるじゃねーか！」と思える設問ばかりでした。結局、最後までさほど難しい問題に出会わないまま、全問を解答できました。

時間が余ったので、もうひとまわり、見返しましたが、「何度見ても、かんたんに思える。逆に怖《こわ》い……これでは、差がつくのは小論文だけかもしれない」と思いました。

そしてそのまま、「やめ」の声を待ちました。「これ、平均点、高そーだな……全問正解の人もたくさんいそう」と思いました。

休み時間には、すかさずトイレに立ちました。もう二度と同じ過《あやま》ちはくり返さないぞ、と、意気込《いきご》んでトイレに走りました。

いよいよ、小論文の問題用紙と解答用紙が配られました。

文章を書くのは嫌いではありませんでした。しかし、出される課題について、私がどれだけ知識があるか、一般常識があるか、が問題でした。総理大臣《そうりだいじん》と首相を違うものだと思い、日本には大統領《だいとうりょう》がいると思っていた私が、１年半の受験勉強のなかで、時事問題にまで詳《くわ》しくなるのは難しいものがありました。

そこで、坪田《つぼた》先生は、時事問題について、毎日のように私に対話をしかけてくれていました。いろいろなことを思い出しました――そのうちの、どれかひとつでも、小論文の回答に結びつけられれば良いのですが……

私の席にも問題用紙が裏返して置かれました。その裏から、問題が透けて見えた気がしました。「世論《せろん》」という言葉が見えた気がしたのです。

「世論《せろん》……世論《せろん》って、なんか最近、先生と話した気がするな……！」

私は興奮《こうふん》を抑《おさ》えて、ゆっくり思い出しました。


「さやかちゃんさ、ホリエモンって知ってる？」

「知ってる！　あの悪い人でしょ？」

「どうして悪い人だって思うの？」

「だって、そうやってテレビでやってたし、この前なんか捕《つか》まってたし」

「でもさ、少し前までは、そんな人じゃなかった気がしない？」

「うん、元気のいい会社の社長で、ホリエモン、ホリエモンって。いろんなテレビに出てたし、すごい人だと思ってた！」

「そう、それがマスメディアの力なんだよ」

「マスメディア？」

「同じ物事でも、テレビや新聞、雑誌がどのように報道するか、どこを切り取るかによって、世論《せろん》ってかんたんに変わるんだ。事実、君の意見は、世論《せろん》そのものだよね。

前まではすごい人だ、やり手だ、と思っていたのに、テレビや新聞での報道を受けて、君も急に、なんだ、ホリエモンって悪い人だったのか、って認識するようになった。

でも、これが、マスメディアの怖《こわ》いところでもあるんだよ。

もしかしたら、まだ容疑者《ようぎしゃ》でしかないホリエモンは、実際は無実かもしれない。何か騙《だま》されただけなのかもしれない。でも、マスメディアの報道を見ると、雰囲気《ふんいき》的に、悪いヤツだったのか、とみんなが思ってしまう。そういえば、金で買えないものはない、みたいなことも言ってたものな、と。

でも実際、ホリエモンがどういう意図でそう言ったのか、とか、詳《くわ》しい真相《しんそう》は、なかなか僕《ぼく》たちは知りようがないよね。多くの人はそもそも、知ろうとすら思わないし。だから、メディアから入ってくる情報をなんとなく鵜呑《うの》みにしてしまう。

それで世論《せろん》が形成され、変わっていく。世論《せろん》ほど、不確かなものはないんだよ」

そのとき、坪田《つぼた》先生が言っていたことは、私のなかに、すーっと入って来ていました。なるほど、テレビで言っていることが、すべて本当のこととは限らないんだな！

それなのに私たちは、それを信じて、よくチェックもせず、判断してしまっている。世論《せろん》ってじゃあ、一体なんなんだ！

メディアってなんか怖《こわ》いんだな――そう思ったのを、鮮明《せんめい》に覚えていました。

「はじめ！」

試験官の合図で、小論文の長い試験が始まりました。

問題文を、ばーっと読んでいくと、やはり、まさに、「世論《せろん》とは何か？」というテーマでした。

「もらった！　書くこと、死ぬほどあるぞ！」

私は長い深呼吸《しんこきゅう》をして、取りかかりました。

まずはお決まりの、長い、長い問題文の内容を、要約せよという設問です。

この要約は、得意でした。

毎年秋に刊行される『日本の論点』（文藝春秋《ぶんげいしゅんじゅう》）（当時）という分厚い本には、著名人《ちょめいじん》、文化人の難しい論文がたくさん詰《つ》まっていました。私は坪田《つぼた》先生に、これを要約し、さらには反論する特訓を受けていました。それを坪田《つぼた》先生に提出し、小論文の対策をしてきたのです。

まず、問題用紙の裏に、書きたいことの構成を、かんたんに書いて整理します。

ここはだいたいこういう内容を、このぐらいの時間で書けるだろう。話の順番は、こっちのほうがいいな——などと、問題用紙の裏を活用して考えていきます。

まずは、全体の構成と字数配分、時間配分を整理するのです。

こうしなければ、途中で「あれも書きたい！」などと浮かんできたり、構成を間違えて、最初から書き直し、などという凡《ぼん》ミスが起こりえます。

要約は、「難しい内容を、かんたんな言葉で短く言い換《か》えれば良いだけ」と坪田《つぼた》先生に習っていました。なので、難しい言葉をあまり知らない私は、難しい言葉をスルーして、内容を把握《はあく》し、誰《だれ》にでもわかるようやさしく言い直そうと心がけていました。するといつも得点がいいのです（難しい言葉をそのまま引用して要約をすると、採点者に「わかっていないな」という印象を与えやすいようです）。

本番でも、要約は、指定の文字数ぴったりくらいで上手《じょうず》にまとめられました。

よし、次は私の考えを披露《ひろう》する番だ！

私の考えは、とっくにまとめられていました。１週間前に。

もちろん、本番でも、例に挙げたのは「ホリエモン（堀江貴文《ほりえたかふみ》さん）」にまつわる世論《せろん》の変化について、でした。

「小論文の問題になりやすいテーマは、そのとき世の中で旬《しゅん》なもので、しかも受験日の半年前ぐらいの話題だ！」と坪田《つぼた》先生は常々おっしゃっていました。

そしてその通り、というか、私にとっては旬《しゅん》すぎる話題が問題に出たのです！

「ありがとう先生！　受かるかもしらん！」と心のなかで叫《さけ》びました。

今回は一度もトイレに行きたいとも思わず、試験官の「やめ！」の合図まで、全力で取り組めました。字数もばっちり、書きたいこともすべて書けた——今までで一番の出来だと自負できたほどでした。

文学部は、ダメかもしれない。でも、過去問が不調だった総合政策学部《そうごうせいさくがくぶ》には、まさかの合格を果たせるかもしれない……！　そう思いました。

神様、どっちかだけでも、どうか……！

その日のうちに名古屋に戻《もど》ると、母が名古屋駅まで迎《むか》えに来てくれていました。

「さやちゃん、お疲《つか》れさま、長い間よくがんばったね！」

私の受験生活はこれで終わりました。

これで、ついに、好きなだけ寝られるようになるんだ！　髪《かみ》の毛だって染められるし、メイクだってできる。友達と遊びに行ってもいい。何でもできるんだ、と思いました。

でも、実際は、合格発表の結果が出るまでは、何もする気が起きませんでした。テレビをながめて、ひたすらぼーっとしていました。ああちゃんの料理を食べて、お風呂《ふろ》にゆっくりつかるくらいしか、やることが思い浮かばない。そんな日を、数日過ごしました。

窓際《まどぎわ》のパソコン

わが家では、窓際《まどぎわ》にパソコンが置いてあります。

いよいよ文学部の合格発表の日、私は、所定の時間にそのパソコンの前に座って、所定のホームページで、自分の受験番号を入力しました。

すると画面に表示されたのは「不合格」という文字でした。

うん、わかってた――でも、やはり目の前にすると、その文字はショックでした。坪田《つぼた》先生も、家族も、受かる可能性があるとしたら、文学部しかない、と考えていました。ここが一番の頼みの綱《つな》でした。でも――不合格！

家族はみな気を遣《つか》って、そのときは家に誰《だれ》もいませんでした。

薄暗《うすぐら》い家のなかで肩《かた》を落としていると、まもなく母が帰ってきました。

私からの電話がなかったので、母はもうダメだったと感じとっていたはずです。

私は母に聞かれる前に言いました。

「ああちゃん、文学部、ダメだった。ごめんね」

「そうか、じゃあ、さやかは、そこには行かないほうが良いってことだね！」

母はいつも、「あれだけがんばってたんだから、さやちゃんにとって、最善最良《さいぜんさいりょう》の道が必ず用意されると思うんだよね。だから、心配しないで！　大丈夫。どこに決まっても、そこが、あなたが行くべき道なんだよ！」と私に言っていました。

「なるほど、そういう考え方もあるのか」と思う反面、「いや、それならなおさら慶應《けいおう》に受からなければ」とも思っていました。悔《くや》しさが湧《わ》いてきました。

坪田《つぼた》先生にも、電話で不合格だったことを伝えました。

私に「一喜一憂《いっきいちゆう》するな！」と教えてきた坪田《つぼた》先生は、電話口で明らかに動揺《どうよう》していたご様子でしたが、表面上は、

「まあ、まだ、もうひとつあるからな！」

と異様《いよう》に明るくふるまっていました。それで、かえってなんだか申し訳ない気持ちがして、すぐに電話を切りました。

坪田《つぼた》先生は「無理だ」と思っていらしたのでしょうが、私は総合政策《そうごうせいさく》学部に受かった自信がいささかありました。でも、受験は何が起きるかわからない。へたに期待させてもいけないので、何も言わずにおきました。

文学部の合格発表の日から、総合政策《そうごうせいさく》学部合格発表の日まで、さらに何日かありました。

その間に、関西学院大学と明治大学の入学金の支払い期日が終わってしまう。

つまりは、総合政策《そうごうせいさく》学部に落ちたときのことを考えると、関西学院か明治大学のどちらかに入学金を振り込んでおかなければ、私は浪人生《ろうにんせい》になってしまう、ということでした。

坪田《つぼた》先生とも相談し、〝西の慶應《けいおう》〟とも呼ばれる関西学院大学に入学金を振り込むことにしました。母方のおばあちゃんが関西にいたことと、「君にはそっちのほうが校風に合うよ！」と坪田《つぼた》先生がおっしゃったことからでした。

このときの入学金30万円を、パパが黙って出してくれました。初めて、パパが、私のためにすんなりお金を出してくれた瞬間《しゅんかん》でした。もう以前のパパとは違いました。うれしかった。


そして、総合政策学部《そうごうせいさく》の合格発表のときにも、やはり、家には誰《だれ》もいませんでした。

「なんで、いつも、誰《だれ》もいないんだ……気を遣《つか》いすぎだろ！」とつっこみたくなりましたが、文学部のときのように、所定の時間に、私は窓際《まどぎわ》のパソコンの前に座りました。

「これがダメだったら、関西学院大学かぁ。それも悪くないかな」とは、まったく思い、、、いませんでした。

慶應《けいおう》じゃなきゃ、私にとっては意味がない。お願い……！

深呼吸《しんこきゅう》して受験番号を入力し、もう一度深呼吸してボタンをクリックすると……

「おめでとうございます！　あなたは合格しました」

と表示されました。その瞬間《しゅんかん》、

「うおおおお、むぁじか！　やっぱりなあ。めっちゃできた、と思ったんだよなぁああ」

と思わずニヤけてしまいました。涙《なみだ》は、出ませんでした。

すぐに、母に電話しました。

「受かった!!　ああちゃん、受かったよ!!!」

「ほんと!?　おめでとう!!　さやちゃん、おめでとう!!」

母も予期していなかったのか、とてもびっくりして、喜んでいました。

次に、パパに電話をしました。

「おめでとう!!　さやか、よくがんばった！　おまえはおれの自慢《じまん》の娘だ!!」

パパから、こんな言葉は、初めて聞きました。なんだか、照れくさくなりました。

そして、母方と父方のおばあちゃん二人に、電話をしました。

母方のおばあちゃんは奈良《なら》に住んでいますが、電話に出てすぐ「おばあちゃん、慶應《けいおう》、受かったよ！」と言うと、「ほんまに？　ほんまなの？　いやー、うれしいわあ……おばあちゃん、家でじっとしてられへんかったから、公園でずっとお祈《いの》りしとったんや。よかったなあ、さやちゃん、えらいわあ」と電話口で泣いていました。

そこで初めて、私も涙《なみだ》が出てきました。

同じ頃、家の玄関《げんかん》の扉《とびら》が忙しく開いたり閉まったりしました。ああちゃん、パパと、ほぼ同時に帰ってきました。近くに住んでいた、父方のおばあちゃんも来ました。

「さやか、えらい！　よくがんばった。さすが、おばあちゃんの孫だ。よ！　慶應《けいおう》生！」とおばあちゃんが抱きついてきました。パパもああちゃんも、私を抱きしめてくれました。

正直、こんなに周囲に褒《ほ》められたことは、かつてありませんでした。

「気持ちええ〜〜」と思いました。

何かを死ぬ気でがんばると、周りがこんなに私を認めてくれる。こんなに最高なことはない！


そして、そこにいるみんなに「ちょっと先生に電話するね、きっと、めっちゃ緊張《きんちょう》して待ってると思うから」と言って、いよいよ坪田《つぼた》先生に電話をしました。

坪田《つぼた》先生が「どうだった？」と聞く前に報告してやろう、と思いました。

携帯《けいたい》電話（当時はガラケーです）のコールが途絶《とだ》え、先生が電話に出た瞬間《しゅんかん》、私は

「受かったー!!」

と叫《さけ》びました。

「うぇぇぇぇぇ？　マジ？　すげえええぇ!!」と坪田《つぼた》先生は言い、「おれ、マジ、泣きそう」と言ったので、その涙《なみだ》を見に行ってやろう！　と思いました。

「今から、行きます！」

そう言って電話を切ると、自転車を全力でこいで、塾《じゅく》に向かいました。

すごく寒かったけど、このときは、そんなことはたいしたことじゃありませんでした。

一瞬《いっしゅん》でも早く、塾《じゅく》のみんなに報告したい！　と思っていました。

ですから、いつもより速く、全力で自転車をこぎました。

そして着いた瞬間《しゅんかん》、自転車をいつもの場所にとめて、階段《かいだん》をかけあがって、扉《とびら》をあけました。

坪田《つぼた》先生が、そこにいて、先生は、涙《なみだ》を目にいっぱいためていました。

そんな顔は、初めて見ました。

握手《あくしゅ》して、「おめでとう！」と言われ、私も涙《なみだ》が出ました。

ここで「私、慶應《けいおう》に行く！」と冗談《じょうだん》半分で決めてから１年半、毎日のようにここに通って、先生と笑い合って、もうやめようと思ったときもいっぱいあったけど、でも、本当に慶應《けいおう》に合格した！　すごいことしちゃった！　と思いました。

先生がうれし泣きしてくださったのが、なにより、うれしかった。

塾《じゅく》の他の先生や生徒も「さやかちゃんすごい！　おめでとう!!」と言ってくれました。

同時に「ここにもう来ることはないんだな」と思い、すごく寂《さび》しくもなりました。

しかし、私は、これから慶應《けいおう》で、どんなすばらしい、一生の友達ができるだろうか、と楽しみでなりませんでした。

そして、この壮絶《そうぜつ》な受験体験によって、思いがけなくうれしい実りがありました。

ああちゃんとパパが、お互いの目を見て、話をするようになったことです。

以前は、けんかをするとき以外は、まったく話をしなかったばかりか、目を見ることすらしなかったふたり。

そんなふたりが、私の合格を、ふたりで抱き合って喜んでくれたのです。

ふたりが同じ方向を見て、笑顔でいてくれることを、何よりうれしく感じました。そんなふたりを見るのは、物心ついて以来、初めてのことだったからです。

こうして、私の受験記は幕を閉じるのですが、坪田先生のおっしゃったとおり、その先にはまた多くのすばらしい出会いが待っていました。

その先の未来へとつながるかけがえのない大学生活が幕を開けたのです。

第六章

暗闇から長男を取り戻す

※幼い日の長男と
ああちゃん

慶應《けいおう》に受からなかったら幸せではなかったのか

　さやかが慶應《けいおう》に受かったことで、

「さやかちゃんは、元々、頭が良かったんだね」「〝本当は〟良い子だったんだね」と言ってくださる方が増えました。ありがたいお話です。

　それまでは「人間のクズ」「ガリベンバカ（バカだからムダなのに必死で勉強をしているバカ）」と呼ぶ方もあったさやかでしたが……

　でも、私にとっては、受験にすべて失敗していたとしても、さやかは良い子で賢《かしこ》いという思いは変わらなかったと思います。

　さやかが、「慶應《けいおう》に受かって、素敵な仲間に出会い、友情を育《はぐく》む」という目標にワクワクし、それを見事に成し遂げたことを私は大いに喜びましたが、でも、本当は、そのさやかのワクワクの対象は、別に慶應《けいおう》でなくても、勉強でなくても、良かったのです。

　受験に失敗していたとしても、きっとさやかは、そのコミュニケーション能力で、素敵な出会いをし、仕事をし、幸せな楽しい家庭を作ったのではないか、と思っています。

「坪田《つぼた》先生に、うまく〝やる気スイッチ〟を押してもらえて、運が良かったね」

というお言葉も多くいただきました。

でも、坪田《つぼた》先生は「〝やる気スイッチ〟なんて便利なものは、ないんですよ」といつもおっしゃっています。

「〝やる気〟になってから、〝できる〟ようになるんじゃないんです。小さな〝できる〟体験を積み重ねさせることで、達成感が出てきて、だんだん好きになり、その後でやっと〝やる気〟になるんです。テニスでも、サッカーでも、勉強でも同じことです」

学年ビリなどの自信を失っている生徒さんたちに――いや、どなたにでも、坪田《つぼた》先生が最初にしてくださることは、

「僕《ぼく》は、君の理解者だよ」

と、暗に伝えることだ、と思っています。

そして、生徒が、あるアイドルが好きだと言えば、陰で必死にそのアイドルについて調べ、その話題を生徒に問いかけて、信頼を築《きず》いていかれます。

アニメが好きな子には、自分もアニメを借りて見てみる。ゲームが好きな子に対すると

きは、自分も同様にゲームを楽しんでみる――その上で、同じ目線で、生徒に話しかけることを、最初にしてくださるのです。

そして、それは〝あえてしている〟ことではなく、本当に子どもたちがハマっているものへの好奇心《こうきしん》から、そうしたことをされているそうです。

さやかの場合は、「すばらしい未来の友人たちと出会いたい」という、さやかの個性に合わせたワクワクする価値観を共有するところから、スタートしてくださいました。

その上で、坪田《つぼた》先生は、本来「学ぶ（＝知らないことを知る）ことは楽しいこと」であって、人生をより楽しくするための、誰《だれ》もが平等に持てる〝最強の武器〟こそが「学問」なのだ、ということを子どもたちに教えてくださいます。

学問は、「良い点を取って、親を喜ばせるためのもの」ではないことを、根底《こんてい》から教えてくださるのです。

それで、さやかも、塾《じゅく》から帰ると、息せきながら、生き生きと目を輝《かがや》かせて、坪田《つぼた》先生が今日してくれた話や、英語の問題に出てきた感動した長文の話などを、私に毎日してくれました。

日本最難関《なんかん》の私大と言われる慶應義塾《けいおうぎじゅく》大学を受験すると言ってはいましたが、高2の夏にさやかが初めにやっていたのは、坪田《つぼた》先生に渡された小学4年のドリルでした。

一瞬《いっしゅん》驚《おどろ》きはありましたが、それを楽しそうにこなしているさやかを見ると、うれしくてたまらなくなり、この受験が、もしかしたら何年かかってもいいのかな、と思えたものでした。

私は、さやかに勉強を嫌いになってほしくなくて、勉強を押し付けることはしてきませんでした。

幼い頃に見た、高学歴で美貌《びぼう》に恵まれた伯母《おば》や伯父《おじ》たちの転落の人生も見ていたからです。

さやかは、中学からは底抜けに明るくなり、からっとしていて、間違っていると思うことには真《ま》っ向《こう》から立ち向かっていく性格になりました。そして、いっぽうでは、小学校時代のさみしかった思いから、弱くてもろいものに優しい性分でもありました。たとえ髪《かみ》を染めて派手《はで》な格好《かっこう》をしていても、学年で成績がビリでも、全国模試《もし》の偏差値《へんさち》が30以下でも、私はずっと誇《ほこ》りを感じて、ながめていました。

さやかの慶應《けいおう》合格から就職《しゅうしょく》まで

ここで、さやかの慶應義塾《けいおうぎじゅく》大学合格後の話もお伝えしておきましょう。慶應《けいおう》合格は、さやかにどのような人生をもたらしたのでしょうか。

さやかは、合格して喜んでばかりいられるわけもなく、あわただしく引っ越しの準備をして、初めて名古屋の実家を離れ、東京で一人暮《ぐ》らしを始めることになりました。

当初は、髪《かみ》を再び明るい色に染め、エクステをつけて、派手《はで》ないでたちで、これまで封印《ふういん》してきたおしゃれを思いっきり楽しんでいる風でした。

大学1年のときは、慶應《けいおう》キャンパスでも浮いていたくらい派手《はで》な見た目で、入学式ではギャルサー（ギャルたちのサークル）にしか声をかけられなかったそうです。

しかし、大学2年生にもなって名古屋に帰省をしたときには、あんなにくるくる巻いていた髪《かみ》も、化粧《けしょう》も、何もなくなっており、大学生らしい落ち着いた格好になっていました。

「あんなに必死でやってたことが、バカみたいに思えるわ。今の仲間うちで、あんな格好《かっこう》してたら超恥ずかしい」

何かイベントがあるときを除けば、髪《かみ》の色こそ明るくしていたものの、もうさやかはギャルファッションはしなくなっていました。

慶應《けいおう》では、出会う人みなに、ただ無防備《むぼうび》に、憧《あこが》れと友好の気持ちで接していたと思います。

持ち前の明るさと正義感で、ときにリーダーシップも発揮《はっき》していたようです。

坪田《つぼた》先生に鍛《きた》えていただいた英語と小論文は、慶應《けいおう》入学後も得意分野となっていたようです。

入学後、5月にもなると、慶應《けいおう》に入った意義について、考え直し始めた様子でした。

「ああちゃん、他の子は、慶應《けいおう》に入ったら、留年《りゅうねん》しないように気を付けてさえいれば、遊ぶだけ遊んでいていいんだ、という姿勢の子も少なくないんだ。でも、私、人生の意義を見つけるために、何かやりたいの」

そう言って、知人のPR会社で、女社長さんのアシスタントのインターンをやりながら、今まで経験したことのない世界で勉強を始めました。


また、サークル活動の一環《いっかん》として、夏には「海の家の経営」を合宿形式で行ない、楽しく、そのときにしかできない様々な発見に、感動していました。

この、広告について研究するサークル活動は熱心にやっていました。私は、いつもさやかが、そこでできた友人たちを私に紹介してくれるありがたさに感謝《かんしゃ》していました。

何人かの方々には、

「私は、人とうまく交《まじ》わるのが苦手で、一人でいることが多かったのですが、さやかさんに声をかけてもらって、学校生活が楽しく変わりました」

と言っていただきました。お世辞《せじ》の部分はあるかとは思いますが、みなさんが同じことを言って、お礼を言ってくださったのが、うれしかったです。

さやかの性格が変わっていない、と感じ、安心しました。やはり、その根底には、自分が小さいとき、なかなか人の輪に入れなくて、さみしかったという思いがあるのでしょう。

インターンを卒業してから、下宿先の近所で見つけた居酒屋《いざかや》さんで、何気なくアルバイト募集の張り紙を見ていたところ、

「バイト、探してるの？　明日、履歴書《りれきしょ》を持って来なよ」

と声をかけられます。それが、その居酒屋の若き店長さんでした。

しかし、アルバイトを始めて3日、行列が絶えない大人気店だったため、あまりに皿洗いが忙しくてきつく、泣いて、

「もう給料はいらないので、辞《や》めさせてください」

と店長さんに申し出たそうです。するとその店長さんに、

「あと1週間だけがんばれよ。そしたら絶対、接客《せっきゃく》業の楽しさを教えてやるから。1週間たって、気持ちが変わらなかったら、辞《や》めていいから」

と言われたそうです。

そうして実際、接客《せっきゃく》の現場に出たところ、

「お客との付き合い方が天才的でした。タメ口の混《ま》ぜ方もうまく、あっという間に仲良く

なるお客さんもいれば、距離を取るべきお客とは適度に距離を保って礼儀《れいぎ》正しくもできる。すぐに常連《じょうれん》客たちにも気に入られ、それから仕事が楽しくなっていったようでした」と店長さん（当時）がおっしゃることになり、それから2年半、さやかはそのあたたかな雰囲気《ふんいき》のお店で接客《せっきゃく》業を続けることになったのでした。

いよいよ就職《しゅうしょく》活動をする段になり、他の学生が受けるような大手企業を一応は受けてみたものの、その活動のなかで、さやかの人生の指針が明確になってきます。

「やっぱり私、あの店長の言葉は、自分の人生を左右するものだったと思うんだよね。私には、人におもてなしやサービスを提供する接客《せっきゃく》の世界が一番合ってて、好きなんだということがわかったの」

そう言って、さやかは大手ブライダル会社に就職《しゅうしょく》を果たしました。

そして、さやかの人生を変える言葉をかけたその店長さんは、後に、さやかの人生のパートナーにもなりました（2013年から付き合いだしたその店長さんとさやかは、2014年7月に結婚式《けっこんしき》を挙げました）。

このように、常に人との出会いにワクワクし続けた慶應《けいおう》での学校生活も楽しく終え、多くのすばらしい一生の友人たちに恵まれて、さやかは慶應《けいおう》を無事4年で卒業しました。

坪田《つぼた》先生がおっしゃった、「慶應《けいおう》に行ったら、スゴい人たちと出会える」という予言は、真実となりました。

「その友人たちの本当のスゴさは、卒業後に、わかると思うよ」という言葉も、また現在、真実になりつつあります。

さやかは慶應《けいおう》時代の4年間で、多くの出会いと別れを体験し、人と人とのつながりのなかで、天国のような思いと地獄《じごく》のような苦しみを味わいました。

そして、今では、毎日お会いしても間に合わないくらい、たくさんの大切な友人のみなさんが、さやかのもとを入れ代わり立ち代わり訪ねて来てくださっています。

それは中学高校時代のギャル仲間や同級生から、慶應《けいおう》時代のサークルの仲間、アルバイト先でできた知人たちなど、実に多彩《たさい》な友人たちです。

それが、さやかの人生にとっての最大の財産となっています。

坪田《つぼた》先生が、最初の最初に見抜かれたとおり、さやかにとっては、

「すばらしい人と出会うこと、友達になること」が、人生でもっともワクワクすることだったようです。

人生でも最大のイベントのひとつと言える結婚《けっこん》式を演出する。

そして多くの新郎新婦《しんろうしんぷ》やご家族と出会えて、感謝《かんしゃ》もしていただける。

そんな、ブライダルプランナーという「天職」をさやかが選べたのは、

「自分にとって、もっともワクワクすることは何か」

という問題設定が、しっかり心のなかでできていたからではないか、と思えます。

「ああちゃん、人が人生で、こんなに幸せそうにしてるとこを見られる仕事は、ほかにはないよ」

そう言って、この職業を通してまた多くの素敵な出会いに恵まれ、そして日々、目を輝《かがや》かせているさやかは、親バカかもしれませんが、幸せな大人だと思っています。

夫のスパルタ教育と物言わぬ長男

いっぽう、さやかが慶應《けいおう》を目指してがんばっていた頃、2歳下の長男の心の闇《やみ》は、深まっていました。

小学校に上がってから、父親に厳しくしつけられ、スパルタ教育を受けてきたわが家の長男は、小学校中学年にもなると、おとなしくなり、とにかく目立つことを嫌い、周りの子と同じことをするのを良しとする、自己主張をまったくしない子に育ちました。

本来の性格とは真逆の性格になったのです。

そして、元気の良い子や、自分よりしっかりした子の言うことに、ただ従うようになりました。そして、この性格が、後に怖い目つきの仲間たちにいいように利用される結果を招くようになっていきます……

自分にいつも自信がなく、口数が少なく、優しさを表に出すのも恥ずかしいようでした。なので、絶対に反論してきたり、バカにしてきたりしない気弱な友達や、体の小さなおとなしい女の子にだけ、不安なく優しい言葉をかけていたことを、私は後年、そうした友人たちや女の子のお母さんの知人から聞くことになりました。

長男は、幼い頃は私に叱《しか》られ続け、私が改心した頃には、私は長男の教育にはもう口を出せなくなっていました。

長男の教育は夫（パパ）がスパルタ式で行なう、その代わりに姉妹の教育は私だけが自由に行なう、という夫婦間の対立が始まっていたからです。

この夫婦間のいがみあいと対立こそが、長男の心を壊《こわ》していく元凶《げんきょう》だ、と夫婦二人ともが素直に認められるようになったのは、かなり後になってからのことです。

小学校に上がった頃の長男の野球の才能は、周囲に比べ、抜群《ばつぐん》に秀《ひい》でていました。

しかし、私の夫は「こいつをプロ野球選手にする」という自分の夢を叶《かな》えたいばかりに、躍起《やっき》になりすぎていました。

毎日スパルタ式の特訓《とっくん》を続け、ミスをすると罵倒《ばとう》し、叩《たた》くことのくり返しで、そのあまりの凄絶《せいぜつ》さに、私は夫を後ろから殴《なぐ》ってとめるしかないと、震《ふる》える手でバットを握《にぎ》ったこともあります。

そうしたしごきに耐《た》え切れなくなった長男の体は、試合のあった翌日の月曜日の朝になると、必ず喘息《ぜんそく》の発作《ほっさ》やアレルギー反応を起こすようになりました。

その結果、1日、2日入院する羽目《はめ》になることもありました。

そんなくり返しのなか、食も細くなり、華奢《きゃしゃ》な体質も影響《えいきょう》して、身体の成長もおぼつかなくなってきます。

心も体も健康で、モリモリ食べて日々成長していく仲間たちに、中学に上がる頃には、体力的に劣るようになってしまったのです。


その差はだんだん歴然としていき、技術だけではもう追いつかなくなり、夫に「野球だけやっていれば幸せにしてやる」と言われてやってきたことも、いつしか信じられなくなって、何も信じられるものが無くなり、中学になるとあきらめつつあった野球の道を、高校に入ってからはすっかり捨て、自暴自棄《じぼうじき》に陥《おちい》って行きました。

長男が、夢を失って、怖そうな目つきの仲間とつるんで家により付かなくなったとき（当時はその仲間たちの言いなりになり、ついて歩いていたそうです。自分でも後年、「まったく反抗《はんこう》しない、利用しやすいヤツ、と思われていたと思う」と語っています）――私自身は、「幼少期から、この長男にしてきた、父と母のひどい仕打ちや、夫婦のいがみあいの報《むく》いを受けるときが来たのだ。因果《いんが》の法則の正当な結果が今、出ているだけなのだ。今こそ、このSOSを出している長男を救わないといけない」と決意するようになります。

「おまえは、それでも母親か？」

「夢は野球でプロになること」

そう言い続けてきた長男は、高校生になったら、かんたんに野球をやめてきました。

2歳上の姉さやかが、受験勉強まっさかりの頃のことです。

自分には夢の実現はできないと悟《さと》り、10年間、365日休みなく続けてきたことを、いともかんたんに捨ててきたのです。

「長い間よくがんばったね。もうやめて、いいの？」

と私が聞くと、

「別にどうしてもやりたかったわけじゃなかった。つらいときがほとんどだったけど、楽しかったときもあった。自分には、ほかに何もできないからやっていたけど、もうやりたくない」

そう言ったので、

「そう、初めて自分で決めたことは、偉《えら》かったね。まだ、あなたは、何でもやりたいことを実現できるし、焦《あせ》ることは何もないよ」

そう言ってから、これから何を見つけてくれるだろう……と考えてしまいました。

ずっと長い間、夫にしごかれ続けてきた長男は、自分を否定することしかできなくなっていました。

野球をやめてしまった今、やりたいことなど何もなく、未来にワクワクすることなど皆無《かいむ》でした。

そして、ただただ、うわべだけの優しさや連帯意識でいいから、と、心に同じような傷を持つ友人たちと、知らないところへ出かけるようになっていきました。

そして、何か失敗すると、自暴自棄《じぼうじき》に走っていました。

そんなとき、夫は、「おまえは、それでも母親か？」と私を責めてきました。

長男が怖そうな目つきの仲間とつるんで、深夜を過ぎても戻《もど》らないことに、夫はいら立っていたのです。

長男が小学校に上がって以降の長い間、夫には、「息子には一切、口も手を出してくれるな。こいつのことのすべてはおれが決めて、幸せな人生を歩ませる。おまえなんかがちょっかいを出すと、こいつの人生は、めちゃめちゃになってしまう」と言われていました。

それで、それまで、長男に助言もアドバイスもしないでやってきました。

確かに私も、意地を張っていたところがありました。

長男に声をかけたくても、接点がだんだん少なくなっていきました。長男も、また、私に甘えるのを、夫に気を遣《つか》って遠慮《えんりょ》していたからです。

この頃は、夫婦間の距離が、とてつもなく大きくなっていました。

家庭内で、女グループと、男グループに分かれてしまっていたのです。

食事をともにすることも、長男が小学校に上がって以降、ほとんどなくなっていました。

なのに、夫は、思春期を迎《むか》えた長男の操縦《そうじゅう》がうまく行かなくなって、急に、私に対して「母親の役目を怠《おこた》ったせいだ」と責め立ててきました。

私もそんな夫に、とても腹を立てていました。

それまでの夫は、長男を自己満足の対象にしていました。長男をプロ野球選手にするという、自分の夢や願望だけを押し付ける親でした。

それは、妻である私が、夫を信じ切れなかったせいで、夫を家庭内で孤独《こどく》にし、そう追い込んでいたせいだと今は思えます。私が、冷たい夫婦間の空気を招き、夫を息子にだけしがみ付かせ、期待をかけさせたのだと思います。

そんな夫は、長男に対しては、いつも「自分がやってやっている」「やってやったのに」が口癖《くちぐせ》となっていました。

本来、「子どもに何かを与えること」で「幸せにしてやる」という考え方は、とても危険だと思います。

子どもは、何かを与えられるだけでは、幸せにはなれません。

親は、いつでも子どもを信じ、子どもが自《みずか》らの意思で、自分の望む幸せを見つけ、そしてそれを自力で手に入れるのを、あくまでも「手伝う」べきだと思うのです。

そうでなければ、与えた物もお金も、地位も名誉《めいよ》も、親の見栄《みえ》から発したものであれば、身に付かず、必ず消えてしまいます。

それどころか、大きな弊害《へいがい》ももたらします。


わが家の長男には、小さいときから野球だけをやらせ、この子が本来何を望み、何をつかむのかを信じて任せることをしてきませんでした。

野球だけやっていれば、親が幸せにしてやる――そう言われ続けて、親の自己満足の押し付けの強さに、だんだんと「野球なんてやりたくない」という気持ちになっていきました。

その結果、何の意欲も、気力もない子になっていました。そして自暴自棄《じぼうじき》の自己否定に陥《おちい》ってしまっていました。

中学に上がってまもなくの長男は、いわゆる不良と呼ばれる子たちを「反抗《はんこう》的で、かっこいい」と思うようになったそうです。それは、大人に抵抗《ていこう》して何もかも投げ捨てたような子どもたちの集団でした。

長男が高校生にもなると、夫婦間で争っている暇《ひま》は、正直言ってなくなっていました。

仲間の盗難《とうなん》事件の濡《ぬ》れ衣《ぎぬ》を一人着せられての警察沙汰《けいさつざた》など、次から次へと問題が浮上していました。

自主性を全否定されて育ち、今や自己否定のなかで苦しみ、やけになっている思春期の長男の姿を目の当たりにしたとき、もはや夫婦のどちらが悪いなどといったことで勝利を収めたところで、何の意味もないのだと思い直しました。

そして、長男の顔を思い浮かべ、夫に一緒《いっしょ》に息子を助けてくれるよう、頭を下げました。

夫も、長男が壊《こわ》れていく現実を前に、初めて自分のしてきたことが愛情の結果ではなく、自己満足の結果だった、と悟っていたようでした。

驚いたことに、夫も、息子に対して、

「今まで、おまえの夢だと言い続けてきたことだが、いつしかおれの夢を押し付けていることに気づいていた。なのに、おまえには厳しく厳しく、ひどい特訓をやり続けた。本当に申し訳なかった」

と言って、謝《あやま》ってくれました。

その姿を見たとき、私も、子どものことばかりを気にかけ、夫を信じてあげられていなかった自分に、初めて気づきました。

そして、夫を追い込み、自分を正当化することで、子どもたちを自分一人で幸せに育てられると思っていた自分自身の、大きな間違いに気づいたのです。

親の仲たがいや傷つけ合いは、想像以上に子どもたちの心を傷つけ、いつも不安にさせていたのでした。


その後、私たち夫婦は多く話し合うようになりました。

そして、一緒《いっしょ》に、今までの自分たちの間違いを自覚し、息子を暗闇《くらやみ》から救いだそうと決意しました。

「長男がこれから起こすことは、すべて、今までいがみあってきた夫婦の鏡《かがみ》なのだ。何があっても、長男を責められないのだ」

そう心に強く刻《きざ》み込みました。

息子の前に現われる何もかもを、自分たちの責任として受け止めよう。

子どもは、純粋さゆえに自己否定に陥《おちい》っているだけなのだ。

私たちは、息子を信じ切って、必ず本来あるべき、何らかの才能を持つすばらしい息子に戻《もど》さなければいけない――

ある夜の出来事

その後も、長男は、何もやる気が起こらない様子で、夜の街《まち》に出て行き、どこへ行くかも言いませんでした。

私は、どこへ行くのか、どんな友達と一緒《いっしょ》にいるのか知りたくて、いつでも、どこへでも車で付いて行きました。

当初、少し年上のような少年たちが、高校生の長男に母親が付いて来たことに、きょとんとしていましたが、「今からどこに行くの？」と聞くと、海のほうまでドライブに連れて行く、ということでした。

どんなことがあっても私は、息子を信じていました。

ただ、その闇《やみ》のなかにたむろする異様《いよう》な雰囲気《ふんいき》に気圧《けお》されて、長男をそのなかに置いていくのが不安になり、自分も付いて行きたいとお願いをしてみましたが、断られてしまいました。

その後も、長男を何度も暗闇《くらやみ》のなかに車で送って行きながら、無事に家に帰って来てくれることだけを願いました。

「どうしてそんなに甘やかしているのか」と、周りの人に責められたこともあります。

でも、私にはわかっていました。

今また、長男がやってみたいことを禁止し、拘束《こうそく》すれば、私たちに隠《かく》れて出かけるだけのことになる。

心のなかは生真面目《きまじめ》な息子は、私たちに迷惑をかけたことに内心で葛藤《かっとう》し、もっと自暴自棄《じぼうじき》になって、いつか、何かが爆発《ばくはつ》するだろう。

そして持ち前の優しさから、母親である私には当たれないから、と、黙《だま》って逃げ出し、そして、私が理解してあげなければ、家には帰って来なくなるだろう。

そんな私の思いがなんとか通じていたのか、どんなときでも、長男は必ず家には帰って来てくれました。

私は、何もとがめず、心配している様子も見せず、息子には、

「大丈夫、あなたのような優しい良い子は、ほかにはいないよ。いつもあなたを信じているよ」

と言い続けました。そんなとき、長男は何も言いませんでした。


あるとき、長男は、夜遅くに帰って来て「眠れない」と言いました。

私が自分の布団《ふとん》の横に、もう1枚布団《ふとん》をしくと、長男はすぐもぐり込んで、横になり、

「ああちゃん、ごめんね」

と言いました。私はこう言いました。

「ああちゃんが、ごめんね、なんだ。いっぱいつらい思いさせて、ごめんね。そのつらさから救ってあげられなくて。今だってつらいよね、ごめんね」

「なんで、ああちゃんが謝《あやま》るの？」

「あなたは小さいときから優しい子だよ。

小学校6年生のときに、クラスに、病気で体の発育が遅くて、小さな体の女の子がいた

よね。その子のお母さんが、小学校最後の懇談会《こんだんかい》でおっしゃったんだ、『うちの子は、病気で少しみなさんより、発育が遅く、見た目がみなさんとは違っています。クラスのみなさんは、それが変だから、やることが遅いから、同じことができないからと言って、いじめてきました。それでも、うちの子は、一生懸命《けんめい》がんばってきました。みんな、最後に、うちの子に謝《あやま》ってください』と。

私は帰ってすぐにあなたにその女の子のこと、聞いたよね。そしたら、あなた、『みんないじめてたよ、でも僕《ぼく》はよくわからない』って言うから、ああちゃん、ちょっと心配になっちゃったんだ。あなたも、やってしまっていたのではないかと。

そしたら、その女の子のお母さんが『うちの娘は、あの子（うちの長男）に、いつも助けていただいていました。みなにいじめられていたけど、あの子だけは、いつも優しくて、手を貸《か》してくれたと言っていました。感謝しています』と言っていたと知人に聞いて、ああちゃん、恥ずかしくなったんだ。ちょっとでも、あなたを疑ってしまったことをね」

「ふーん、そんなこともあったなあ。僕《ぼく》、小学校の頃は、誰《だれ》よりも野球に自信があって、体も動いたし、いいプレーをやれたと思ってたけど、今はそうでもないし、なんか楽しくないし、わからなくなってきたんだ」

「何が？」

「今は何も楽しくない。姉ちゃんも慶應《けいおう》を目指してがんばっているし、まーちゃんもいい子だし、パパもああちゃんもすごい人だと尊敬してるけど、家族のなかで僕《ぼく》だけすごく頭も悪いし、何もできない人間だから」

「あなたは頭の悪い子じゃないよ。長い間、『野球だけやってれば、いいんだ』って言われて、やり続けてきたけど、そのせいで自分の好きなこと、やりたいこともわからなくなっちゃって、野球にまで自信がなくなってしまったから、日々の生活のなかの些細《ささい》なことも自分では決められなくなってしまったんだよね？　何が好き？　と聞かれても、困った顔をして、好きな食べ物もわからない、好きな服も決められない、テレビの好きな番組も決められない、いい人も悪い人もわからなくなっちゃっているんだよね」

「僕《ぼく》ね、姉ちゃんには、慶應《けいおう》に行ってほしいんだ。だって姉ちゃんは、あんなにいっぱい努力してるんだから。努力が実ってくれると、僕《ぼく》もうれしいんだ。だって僕《ぼく》はあんなに、何かにがんばれないし。姉ちゃん、あんなに努力したのに、もし受からなかったら、かわいそうすぎて、僕《ぼく》は見ていられない。

姉ちゃんがうらやましいよ、あんなに一生懸命《けんめい》になれることがあって。僕《ぼく》には、何もないよ」

「でもね、さやかも、今のがんばりは、人生において、ただの通過点《つうかてん》なんだよ。結果はどう出てもいいの。坪田《つぼた》先生に出会えたことで、さやかは、これからの人生を、どんなときも楽しく乗り切れる、すごい武器を持つ術《すべ》を教えてもらっているんだから。

もちろん合格はしてほしいけど、もしダメでも、さやかは必ず自分の本当の幸せを、見つけるよ。もっと明るい未来に確信を持って、意欲的になることの楽しさを知ったんだよ。

あなたも、今は、そのままでいいんだよ。これも通過点《つうかてん》なの。だから、何も焦《あせ》らなくていいからね。今からでいいんだよ。もう何を言っても叱《しか》られることはないよ。自由になれたんだから。あなたはすばらしい人間なのだから、大丈夫、今からゆっくり、自分の好きなこと、ワクワクすることを見つけていけばいいだけだよ。

ああちゃんは、起こったことすべてに、無意味《むいみ》なことなどない、と思ってるよ」

私はそう言って、長男を見ました。

栗毛《くりげ》色のつやのある髪《かみ》の毛だったのに、今は、焦《こ》げたようにちぢれ、元の色が抜けて、見るも無残に傷《いた》んでいました。

本来は透き通るほど白い肌《はだ》は、今は、日サロ（日焼けサロン）というところで真っ赤に焼けただれるまで焼いていて、耳にも鼻にも、複数のピアスの穴が開いていました。なくなるまで噛《か》んでしまった爪《つめ》、何か自分で傷つけたかのようなぼろぼろになった手を見て、ふいに不安が押し迫ってきました。

「もし、自分や、誰《だれ》かを傷つけたいと思うときがあったら、絶対にああちゃんを思い出してね。ああちゃんが全部、受けるからね。あなたは、ああちゃんの命なんだから、たとえあなたがどんな気持ちになっても、ああちゃんから生まれてきたあなたのやることは、あちゃんのやることと同じだから、良いことでも悪いことでも、したくなってしまったら、お願いね、必ず、ああちゃんにぶつけるんだよ」

そうお願いをするうちに、長男は眠ってしまいました（こういった言葉をかけた際、いつも長男は何も言いませんでした。私の言葉が心に届いていないのか、とも長年思っていました。でもつい先日、長男がお嫁《よめ》さんに「ああちゃんが、いつもこういう言葉をくれたんだ」と話しているのを聞きました。子どもというものは、たとえ無反応でも、親の言葉を聞いているものだと感激《かんげき》しました）。

子どもの無気力の原因

子どもの意思を無視して、叱《しか》り続け、親の自己満足のために何かを力づくで押し付けてしまったことの弊害《へいがい》は、必ず、何年か、あるいは十何年か経《た》った後で、こういった形で現われてくるものだと思います。

そのことに、親は早く気づき、改めていかなければいけない——私は自分の体験からそう学びました。

児童《じどう》心理学者の平井信義《のぶよし》先生の中日新聞・朝刊での連載《れんさい》で見たお話です。

「何にもやる気が起きなくて、学校へも行きたくない。死にたいけど、勇気がない。助けてほしい」と泣いて相談に来た女子高生に対して、平井先生はまず、家庭の様子を聞かれたそうです。

すると、やはり父親に幼児期から厳しくしつけられた、とのこと。「女の子は女の子らしく」が父親のモットーで、お行儀《ぎょうぎ》にも厳しく、家でも気を許すことはなかったそうで、母親が自分の意見を言うと、母娘ともにひどく叱《しか》られ、一度は暴力を受けたこともある、というお話でした。

その恐怖《きょうふ》が忘れられなくて、今までいたずらをしたこともなく、反抗《はんこう》をしたこともない、と。今では、父親が帰って来ると逃げるようになり、父親が嫌いで、憎しみを抱いている、ということでした。

これに対して、平井先生は、父親の厳しすぎるしつけが、この子の対人恐怖症《きょうふしょう》と、現在の極度《きょくど》の無気力《むきりょく》の原因である、と述べられました。

そして、この父親もまた、厳しいしつけをされて成人したこと、きょうだいの仲がひどく悪い家庭環境下にあったことも見抜かれた上で、今、父親を憎むことだけが、この女子高生の気力のもとであることを悲しまれました。

この女子高生は、本当はとても心の優しい子だということが汲《く》み取れる。だが、この子を救えるのは、父親の自覚と改心しかない、とのお話でした。

私の長男に関しても、夫の厳しいしごきのせいで、いつかこうなることを私はうすうすわかっていたと思います。

それなのに、私たち夫婦は、互いへの意地から、いがみあいをやめられず、方針転換《ほうしんてんかん》ができませんでした。

「ごめんね」

服装《ふくそう》が派手《はで》になったからとか、人と違うことをするからとか、タバコをすってしまったからとか、ピアスの穴《あな》をあけてしまったからとか、化粧《けしょう》をするようになったからとか、髪《かみ》を染めてしまったからとか、いつかみな、時期が来たらするかもしれないことを早くやっただけで、〝悪い子〟と断じるのは、私は違うと思います。

大人の決めごとに従順でいることだけが、人間にとって重要なことだと言えるでしょうか。

学校は、背伸びしているだけの子を〝悪い子〟と評価し、何とかやめさせようと躍起《やっき》になり、罰《ばつ》を与えるだけの体制でいいのでしょうか。

一度、学校も親も、ともに、子どもの粗《あら》を探すだけの姿勢から、良いところを見い出して、褒《ほ》めていく姿勢に切り替えてはいかがでしょうか。

子どもを抑《おさ》え付ける今の体制は、限界が来ているのでは、と思うからです。

長谷川由夫《よしお》先生のご著作《ちょさく》から教わった私は、こう考えています。

本当に〝悪い子〟（現在の状況が悪い子）とは、悩みやストレス、怒りや憎しみを心の内に蓄積《ちくせき》しているのに、親が怖いからと表面上は良い子を装《よそお》いながら、陰《かげ》ではいじめを始めるような子だと思います（「うちの子は、いじめられっ子じゃなく、いじめっ子で、まだ良かった」とおっしゃる親御さんもなかにはいますが、そのツケはいつか親御さん自身が払うことになると思われます）。

自分のストレスを誰《だれ》にも理解してもらえず、自暴自棄《じぼうじき》になったり、無気力になったり、心がいつも怒りに満ちていて、ときに抑《おさ》え切れなくなってしまっている子どもたち。

そうした子たちが、激しい反抗心《はんこうしん》や怒りから、派手《はで》な格好《かっこう》や校則違反をすることはあるでしょう。でもそうだったらなおさら、「校則に従え」と罰《ばつ》を与えたり、服装のことを注意するだけでは、子どもは良くなりはしない、問題は何も解決を見ないのではないでしょうか――と。

子どもが実際は、何に傷つき、怒りをため込んでいるのか、大人は早く気づき、何らかの自縛《じばく》や束縛《そくばく》から、その子を解放してあげなければいけません。

もちろん、見た目の変化、問題行動に気づくことは大切です。それは、些細《ささい》な変化だったとしても、子どもたちからの、隠された何かのSOSである場合が多いからです。

親は、そうした変化を敏感《びんかん》に察知《さっち》すべきです。そして、絶対に怒ったりはせず、見捨てたりもせず、子どもの話をゆっくりと時間をかけて聞き、子どもに向き合うべきだと思います。

しかし、わが家の場合、どんなに母親一人ががんばって子どもに向き合おうとしたところで、夫婦間のいがみあいからくる精神的不安は、当時のうちの子どもたちを家嫌《いえぎら》いにしていたと思います。

さやかも中学時代は家に帰宅するのが深夜や朝方になり、長男もまた高校に上がると朝方まで帰って来なくなりました。

さやかが悪の道に転落する心配をしたことはありません。行動を共にしているお友達を、さやかに紹介されて、よく知っていたからです。

しかし、長男は、もう少しで転落するところまで行きかけていました。

いつしか、こんなに大きく道を反《そ》らさせてしまったのだな、と思うと、後悔《こうかい》で涙《なみだ》が出ました。

でも、ただ泣いている場合ではありませんでした。気が付いたことを、全部改めていく覚悟が必要でした。

それは夫との不和をはじめ、長男が生まれたときからの対応ひとつひとつについてです。

長男へのお詫《わ》びは、なかなか目に見える形ではできませんでした。

中学、高校に上がる頃には、「自己否定」が色濃く、長男の性格を支配していました。

勉強嫌いや、要領《ようりょう》の悪さに悩み、人からの些細《ささい》な言葉にも、かんたんに心が折れて、何もできなくなってしまいます。

あまりの自己否定から、自暴自棄《じぼうじき》になって苦しむ姿に、私は、心のなかで謝《あやま》り続けました。

ときに口に出して「ごめんね」と言いました。すると、

「なんでああちゃんが謝《あやま》るの？」

と長男は言いました。

長男が悩んで苦しんでいるときは、心のなかで、ずっと「ごめんね」と言い続けました。

今の学校教育においては、子どもの心を理解することよりも、成績《せいせき》の良い子や、大人によく従う良い子を作って、問題を起こさせないことが優先されているように思います。なかには、子どもの気持ちに寄《よ》り添《そ》える、心ある先生方もいるはずです。ですが、そうした先生個々の思いが、学校システムによって除外《じょがい》され、報《むく》われないことも多い気がいたします。


そうしたなかでは、子どもが個性を表現するのは難しくなります。はみ出せば、厳しく叱《しか》られ、子どもは傷つきます。

そんなとき、親ぐらいは、いつも子どもの気持ちを深く理解しようとすべきではないでしょうか。その心のなかから善意《ぜんい》や思いやりを見つけ出して、子どもの自主性や自己肯定感《こうていかん》を育てていくべきだろう、と私は思います。

時間はかかっても

暴れて家のガラスを割るなど、思春期のすさんだ長男に何か言いたくなったときには、必ず、幼少期に叱《しか》ってしまったこと、そして夫がしてきた仕打ちの数々を思い出し、「これは、その当然の報《むく》いなのだ」と自分に言い聞かせ、ときに見守り、ときに優しく接するように心がけました。

この、何かあるたびに、過去に傷つけたことをひとつひとつ思い返し、長男にお詫《わ》びするような思いで声をかけ続けたことは、確かに効果がありました。

長男の性格の良い部分が、時間はかかっても、蘇《よみがえ》ってきたからです。こうした努力が、必ず報《むく》われることを私は知りました。

さやかが受験に挑《いど》むいっぽうで、家のなかでは、長男のことが最大の問題になっていました。しかし、親子で一緒《いっしょ》になって、目の前に起こってくることから逃げず、ともに傷つき、涙《なみだ》を流しながらも、なぜいつもこんなことが起こるのか、まっすぐに物事をとらえようとしてきました。

そうした積み重ねの結果、長男は次第に家に居《い》つくようになってくれました。

「家族にこれ以上、心配はかけられないな」という思いが、次第に強まってきたためだそうでした。

それで、唯一《ゆいいつ》の仲間たちを失うかもしれなくても、怖そうな目つきの友人たちと一緒《いっしょ》に出かけることを次第にしなくなり、家でも笑顔を見せてくれるようになっていきました。

今は、その長男（24歳）も結婚《けっこん》し、幸せな家庭を築いています。

これまで、誰《だれ》にも理解されなかった、無言のうちの優しさを理解してくれる女性が、お嫁《よめ》さんとして来てくださったのです。

長男とは高校の同級生だった彼女《かのじょ》は、クラスで、誰《だれ》にも口答えせず、無言で、いいように使われている長男の性格のなかに、美徳を見出してくださった方です。

このお嫁《よめ》さんが、こう言ってくださっています。

「例えば、家族で外食に行った際に、夫が料理をたくさん頼みすぎて、家族で食べ切れなくなってしまうことがあります。そんなときに、いつも夫は黙《だま》ってお義父《とう》さんに怒られているんですが、私はその夫の心を知っています。たくさん頼んだ料理は、さやかさんや妹のまーちゃん、私の好きなものばかりだからです。夫がそうした出すぎたことをするときは、必ず、私や、さやかさん、まーちゃんのためを思って何かをしてくれたときなんです」

長男は、今は、夫の経営する飲食店の経営を継ぐべく、まじめに接客業《せっきゃくぎょう》に励《はげ》んでいます。自分なりのすばらしい店を持つ夢も持っています。

夫に叩《たた》かれ、怒鳴《どな》られて育ったせいで、今も夫に口答えはいっさいしません。でも自分なりに、経営を改善するプランを心に抱いて、修行をしている様子です。

そして、何より、奥さんとわが子のお陰で、自分の家庭を築くといういきがいを見出しています。


私は夫婦の子育ての仕方を反省し、改心して、子どもとの絆《きずな》を途切れさせないように努力しました。

その結果、今では明るく輝《かがや》く未来への道が見えてきた思いです。

こうした努力をするのに、遅すぎる、ということは、ないと思います。

いつでも、気づいたときに、親はやり直し始めればいいのではないでしょうか。

そうした親と子の絆《きずな》が、すべての幸せの基盤《きばん》となって、子どもの才能を芽吹《めぶ》かせて、どこまでも育てていける社会ができるのだと私は信じています。

子どもたちの原動力

今では、わが家の子どもたちはみな、家が好きで、すぐ帰って来たがります。でもまた、すぐに外に出かけて行ってしまいます。

社会に出て、自分の居場所がそれぞれにあり、忙しいです。幸い、今は三人とも、人とうまく交流でき、友達が多く、生き生きと物事をとらえるエネルギーにあふれている様子です。

楽しい家庭があると、それが子どもたちの原動力になり、何事にもがんばれる子に育つのだ、と思います。

地に足がついた、安心できる家庭という基盤《きばん》があってこそ、子どもは明るい未来を志向できるものなのかもしれません。

わが家では、自己否定の思いが強かった長男が、自分をおおらかな愛情で包んでくれる女性と結婚《けっこん》できたのが幸運でした。

結婚《けっこん》前は、周りの誰《だれ》もが、ついこの間まで問題行動を起こしていた長男に不安を感じ、幸せな家庭を築《きず》くことなどできまい、と思っていました。

でも、そのお嫁《よめ》さんがわが家を訪れるときには、私たちが何をしていようとも、明るく笑っている声で、

「こんにちはぁ」「お邪魔《じゃま》しましたぁ。さようならぁ」

とお隣《となり》３軒《げん》むこうのほうまで届く声であいさつをしてくれました。

不安になったり、暗く落ち込みそうになったときでも、その声を聴くと、不思議と心が明るくなるのです。私は、

「あの子は、いつも笑っていてくれて、すばらしい子だね」

と言いました。

そして、結婚《けっこん》後は、知らない人にごあいさつをするときや、持ってきたものを渡そうとするときなど、どんなときでも、彼女《かのじょ》は息子を頼って、

「ねえどうする？　どうしたらいい？」

と聞いてくれるのです。

「何もできないヤツ」と言われ、自分でもそう強く思っている息子に、です。

そこで、今まで人に頼られたことがなかった息子は、

「良いよ、今、渡してくれればいいんだよ」

と言います。

その様子を見ていた人は、あるいはそのお嫁《よめ》さんを、頼りないと思ったかもしれません。

でも、本当は違うのです。

また、このお嫁《よめ》さんは、口が重い息子に変わって、どんなこともよく話し合って、みんなで解決できるようにしてくれます。

息子は、自分に自信がないために、人に優しくしたくても「こんなことをしたら笑われるんじゃないか。いや、むしろ『バカにするな』と怒ってくるのではないか」という不安から、なかなか人に優しい言葉をかけられなくなっていました。

だから今、自分だけを頼って、自分を信じてくれているその女性になら、笑われる心配もなく、優しくできる様子です。

その子のおかげで、自己否定の強かった息子は、どんどん自覚が育ち、朝、遅刻《ちこく》せずに起きることもできない睡眠障害《すいみんしょうがい》も、ウソのように治って、仕事も、モリモリできるようになっています。

「不思議なんだけど、あいつは、ああちゃんと同じことを言うんだ。すごく似てる気がする。あいつと一緒《いっしょ》にいると楽しいし、安心できるし、すごく前向きな考えになれる。なんだか、すごく不思議なんだ」と息子は言っています。

そして、お嫁《よめ》さんは、口癖《くちぐせ》のように「わが家の大黒柱！」と言って、何の根拠《こんきょ》もないのに息子を立てて、腕《うで》にしがみついて、息子をたたえてくれます。

こうして若い頃からお互いを育てあえる夫婦を、私はうらやましく見守っています。

第七章

ようやく
うまく行った子育て
――次女のまーちゃん

※幼いさやかと
まーちゃんを一人で
育てていた頃の
ああちゃん

3番目の子でようやくうまく行った子育て

幼い頃から病気がちだった次女のまーちゃんは、ある頃から、おどけた口調で話すようになりました。

いつも怒っているお父さんと、つらそうな顔をしたお母さんの雰囲気《ふんいき》を変えたいと思ってのことのようです。

このまーちゃんに対しては、たまに注意に近いものはしますが、何かあるたびに、いえ、何も変わったことがなくても、いつもたくさん話し合うようにしてきました。

ですので、私はこの子を、生まれてから一度も叱《しか》ったことがありません。

小学生の頃、まーちゃんは、喘息《ぜんそく》を患《わずら》っていたこともあり、学校になかなか遅刻《ちこく》せずには行けませんでした。

この子も、〝教科書には載《の》っていない勉強〟に忙しく、学校が終わると、ダンスや歌、コミュニケーションに関すること、偉人《いじん》たちの言葉や偉業《いぎょう》について、あるいはユーモアに関して、子どもなりに一生懸命《けんめい》に学ぼうとしていた様子でした。

これらは、ほとんどのお母様方が、

「そんなくだらないこと、すぐやめて、勉強しなさい」

とおっしゃるようなことが多かったのかもしれません。

でも、私は、そうした興味《きょうみ》と才能がどう育っていくのか楽しみで——姉や兄で失敗してしまったことを教訓《きょうくん》に、親の希望を押し付けないように見守り、そして、経験豊かな大人としてたくさんの選択肢《せんたくし》を示してあげられるよう応援《おうえん》をしてきました。

そして、まーちゃんのそうした才能は徐々に頭角を現わしていくのですが、ある年齢《ねんれい》になるまでは、周囲に「特異な子」として扱《あつか》われることから守っていく必要がありました。

まず、学校には遅刻《ちこく》続きでしたし、休みたいときはお休みをさせ、自宅学習をさせていました（学習と言ってもやはり〝独自の〟お勉強ですが）。

よその親御さんや先生が、子どもの口答えを許さず、人前で叩《たた》いたり、二度と言わないように口をふさいでしまったりする様子を見たまーちゃんは、怖くなって、そうした場から遠ざかるようになっていたからです。

それで、あるとき、「学校の勉強は全然おもしろくないから、やりたくない」と言い出しました。

私は、この次女の育ち方に不安を感じていませんでしたので「やりたいことだけ、やればいいよ」と言いました。

なぜ不安を感じていなかったのかと言いますと、この子は、無気力な怠《なま》け者とは、まったく違っていたからです。

興味を引かれるもの、自分にとって大事なことは、一度見たり聞いたりしただけで、誰《だれ》よりも早く理解し、覚えてしまいます。

そして、一番安心していたことには、叱《しか》らずに育てたこの子は、愛情深く、思いやりにあふれていました。


例えば、私たち夫婦が、日々いがみあい、悲しみに打ちひしがれていたときのことです。

私が泣くのをがまんして、子どもたちにそんな顔を見せないようにしていると、まーちゃんはすぐに察知《さっち》して、「大丈夫?」「どうしたの?」と声をかけるのではなく、すべてを見通して、自然に私の心を慰《なぐさ》めようとしてくれました。

私のことを心配していることを悟られないように、自然に、遊んで、ふざけてくるのです。

私は思わず噴《ふ》き出してしまい、この子のあまりにも深い思いやりに、陰でむせび泣いていました。

そのたびに、自分たち夫婦のもめごとが子どもたちの大きな障害《しょうがい》になっていることを感じ、何とか解決しなければ、と思うのでした。

こうした次女のユーモアが、家族の心を和《なご》ませ、明るい雰囲気《ふんいき》を作り出し、なぜかエネルギーをもたらしていました。

すると、なぜか難しく思えた問題も、うまく解決策を思い付くような調子で、問題は多くても、明るく過ごしていれば、どんなことだって解決できるという自信が湧《わ》いてくるのです。

次女は、学校でも、好きなときにだけ通学していたのにもかかわらず、行けば仲間に囲まれていました。

そんな勝手なふるまいをしながら、責められたり、いじめられたりもせずに、どうやって友達と仲良くうまくやっているのか。母親として、不思議に思っていました。

例えば、次女は、テストの答案が返されたとき、90点で頭を抱えて悩んでいる友人に、「どうしたの？」と声をかけたそうです。

「どうしよう、ママに叱《しか》られる」

「なんで？　すごいじゃん、90点なんて」

「ママは100点じゃないと、すごく怒って、またサボっていたと叱《しか》るんだ」

「えー、マジで！　ウソ？　じゃ、これ見してやっから、元気出しなよ」

そう言って、次女が17点の答案を見せると、相手の子は、

「えっ、おまえ大丈夫なの？　親に叱《しか》られないの？」

と聞いてきます。

「ぜーんぜん。あんたさー、すごいいい点じゃん。よく勉強してるんだからさー、落ち込まないほうがいいよ。あたしなんて、こんな点でも叱《しか》られたことないし、楽しいことといっぱいあるよ。うちのああちゃんに会ってみる？　あんた、すんごい褒《ほ》められるよ」

いつもこんな調子でしたから、勉強がビリでも、なぜか自信に満ちて堂々《どうどう》としている次女は、ストレスでいっぱいのお友達にとっても、付き合いやすい相手だったのでしょう。けっして勉強ができるわけでもなく、特別きれいなわけでもなく、異性にモテるわけでもなく、家庭が裕福なわけでもない次女の、ただただストレスをためず、自由で楽しそうにしている姿が、うらやましいと思う子もいたようです。

子どもの生まれ持った性格は、人それぞれでしょう。それを無視して、何か本来、不要なはずのこと――親の見栄《みえ》や体裁《ていさい》に根ざした、親のエゴ――を無理やり押し付けさえしなければ、持って生まれた子どもの長所は、何の妨《さまた》げもなくどんどん成長するものだと思います。そして、持って生まれた短所などは、気にならないものとなっていきます。

「ダメな子」と呼ばれても

わが家の姉妹は、私が途中からしつけをやめたので、小学生の頃は、周りからは、とてもお行儀《ぎょうぎ》の悪い、ダメな子と言われてきました。

ただ、小さいときから子どもの意思を優先していた結果、それぞれの長所がどんどん成長し、何らかの才能になってくるのを感じました。

大人の価値観で行動を禁止し、才能の枠《わく》を狭《せば》めなかったのが功《こう》を奏《そう》したと思います。


そして、最初からまったく叱《しか》らずに育てることに成功した次女のまーちゃんは、とても親思いの、空気を読める子になってくれました。

家に帰ってきて、私が落ち込んでいるようなときには、私が自分で自分を肯定《こうてい》できるように、子どもなりに話をしてくれるのです。

「うちってさー、お姉ちゃんの代から、『長くつ下のピッピ』ってビデオ見てたでしょ？あれって、今思うと、すごい話だなって思うんだ。あれをみんなに見るように言ってるんだ。だって、ピッピって、まだ小学生ぐらいなのに、一人暮《ぐ》らしで、学校も行ってないからさ、施設《しせつ》に入れようとするメガネのざーますおばさんを、うまくかわして、絶対学校にも施設《しせつ》にも入らなかったじゃない？

でもピッピってさ、あんまり顔はかわいくないし、力持ちで暴《あば》れん坊《ぼう》だけど、なぜか何でもよく知ってるし、誰《だれ》にでも優しいからさ、みんなに好かれて、毎日楽しいことばっかりやって暮《く》らしてるわけじゃん。

お金もいっぱい持ってるんだけど、自分はあんまり使わないで、ぼろぼろの服を毎日洗濯《せんたく》して、ご飯も自分で作って、知らない子でも近所の子とか、友達を、お菓子《かし》屋さんに連れてって、お菓子《かし》好きなだけ買いなっ、て言ってさ。

夢のようなことを、大人が絶対ダメって言うことばっかりを、子どもたちにやらせてくれてさ、それでお金いっぱい使っちゃうし、お金を狙《ねら》って泥棒《どろぼう》が入って来たときも、キャーキャー騒《さわ》がずに、なぜかおもてなししちゃってさ。

結局は、お金は取られちゃったけど、それでも泥棒《どろぼう》にむかって、おなか空《す》いてたんだ、かわいそうって思ってさ、『あー来てくれて、ありがとう、でも帰ってくれて、もっとありがとう』って言ったもんね。

お金取られて、一人暮《ぐ》らしでどうするのかと思っていたら、心にお母さんがいてくれるから大丈夫って、空に向かって言うんだ。いつもお母さんが言ってたこと、守ってるから、『きっと私なんとかなるよね』って言うんだよ。

あたしさ、このお母さん、ああちゃんとおんなじこと言ってピッピを育てたんだと思うな。ああちゃんと同じタイプのお母さんだと思うんだ。

ああちゃんも、あたしがひどい目にあってたら、いつも絶対助けてくれるけど、最後はその人を責めないで、その人がわかってくれるよう考えようって言って、『罪《つみ》を憎んで、人を憎まず』って言うじゃん。

人に親切にするのは、形を変えて、最終的には自分のところに返ってくるから、どんな場合も損することはないんだって。だから、あたしも、それで得してるなーって思ってる。これ守ってると、なぜかいつも、運が良くなるんだよね。

ピッピもさ、一人暮《ぐ》らしで困ったこと、いっぱい出てくるのにさ、すごい困った人やイヤな人、泥棒《どろぼう》にでもさ、『来てくれて、ありがとう。でも帰ってくれて、もっとありがとう』って言ってることで、絶対いつも助けられるんだよね、何かに。

ピッピもさ、お母さんとお父さんが生きてたときに、めちゃめちゃピッピのことを強く愛してて、それを知ってるから、そばに居《い》なくても、一人暮《ぐ》らしでも、平気なんだろうね。

その点だけは、まーちゃんは、寂《さび》しくなっちゃうから、できないけどね」

ビデオばっかり見て！　勉強しなさい！　と叱《しか》らずに来て、良かったと思いました。

子どもの心というのは、のびやかに育てれば、1本のビデオ、1冊の本、ひとつのお話から、このように多くのものを汲《く》み取れるのです。

人生において、大事なことを、ちゃんと受けとめてくれるのです。

「まーちゃんはすごいね、その通りだよ。どんなにいい大学に行っても、いい会社に入っても、お金持ちになっても、人への思いやりが持てない人は、偉《えら》い人ではないんだよ。まーちゃんは偉《えら》い子だよ」

常日頃、次女とは、美術館の絵の作家の話だったり、映画やドラマのストーリーの話だったり、そのヒロインの言動だったり、ドキュメンタリーの話だったり、本の話だったり、周りの環境のなかで普通だと見過ごしがちなことをつかまえては、たくさん話し合い、それを自分たちの生活に活《い》かそうとしてきました。

娘とよく話し合うことで、母親なりに軌道《きどう》修正を提案することもできますし、また逆に、彼女《かのじょ》の心の成長や、思いやりの広がりを感じ、日々感動することもできました。

ですので、どんなタイミングであっても、急いでしなければならないことがあっても、次女が話しかけてくれることが一番大事なことであると思って、次女と話せる時間を、何よりも優先させていました。

そうした積み重ねで、あまり学校には行かなかった次女ではございましたが、すくすくと心と体のバランスがよく成長し——と言いたいところですが、心の発達に対し、身体のほうは、小さい時から患《わずら》っていた気管支《きかんし》の病気が何度も再発し、苦しむ日々が続きました。

病気とまーちゃん

まーちゃんは、生後1カ月で細気管支炎《さいきかんしえん》にかかり、3歳になるまでは、3カ月に1回、10日間の入院をしていました。

それが、小学校に上がってからは喘息《ぜんそく》に変化し、1年に2回は入院をするようになっていました。

同じ病院で、毎回まーちゃんが退院をするときに、うらやましそうに見送ってくれるサエコちゃんという子がいました。サエコちゃんは、そこで生まれ、4歳になる今まで1回も外へ出たことがない子でした。

同じ病院には、お見送りもできないくらい、何年もベッドから出たことがない子もいました。夜になると、その子たちの、けたたましい、オオカミの遠吠《とおぼ》えに似《に》た叫《さけ》び声が、毎日聞こえてきます。

そのたびに、看護師《かんごし》さんが、何かを持って走って行きます。

そんな子ども病棟《びょうとう》の様子を見て育ったまーちゃんは、自分はなんて幸せなのか、そして、ああいった子たちを何とか救えないものか、と毎回感じて家に帰って来るのでした。


そんなまーちゃんは、遠足が苦手でした。長時間、歩くことができなかったからです。

初めての遠足のときは、先生が理解してくれて、一人特別に歩かない方法を考案《こうあん》してくれたので良かったのですが、2回目のときは、別の先生に、歩かないことを厳しく叱《しか》られました。

帰ってきたまーちゃんが、

「ああちゃん、私、なぜか長い間、歩くことは無理みたい。脚《あし》が痛くなっちゃうの。他の子が平気そうなのが、不思議なの」

と言うので、原因を考えてみましたが、そのときはわかりませんでした。

「だから、もう今後、遠足に行くのはやめとくわ」

と言ったので、私は、「そう、わかったよ」と言いました。

果たして、その4年後に、まーちゃんは脊椎側彎症《せきついそくわんしょう》であることがわかりました。そのせいで、長時間、歩けなかったのです。

中学校に上がってからは、ほとんど喘息《ぜんそく》が出ることはなくなりました。でも、12年間の入退院で知り合った子たちに、何度か、二度と会えなくなることがありました。

それまでのまーちゃんは、点滴《てんてき》に繋《つな》がれた動けない体で、同じ物語を何度も何度もくり返し見たり、読んだりして、ミュージカル映画の『メリー・ポピンズ』とアニメ『長くつ下のピッピ』が大好きになり、そこから音楽やダンスが大好きになりました。

そのせいか、耳がよく、聞いたことを聞いたまま、自分で発音できるようになり、近くにいる人の物真似《ものまね》も上手《じょうず》になっていきました。

また、ダンスに関しても、流行《はやり》の難しい振《ふ》りも見たまま、正しく再現できました。

小学校を休みがちで、自宅学習することが多かったまーちゃんは、私が仕事で家を出ている間、家でインターネットを使って、病気を笑い飛ばすように、ユーモア精神を身に付けていきました。

私が帰って来ると、すぐに、「ああちゃん、すごいよ」が始まるのです。

今日は何を発見し、ワクワクしたのか、この言葉を聞くのが楽しみでした。

日本だけにとどまらず、世界のコメディや、漫談《まんだん》や、いい話、笑える話、感動した映画の話やエンターテインメントの話など、その内容は様々でしたが、年を重ねるごとにその内容が変わっていき、ネットの様々なところから、人の心やコミュニケーションについて、生きる意義や優しさ、思いやりについて、現実と照らし合わせながら、学び取っていきました。

本を読んだり、DVDを観たり、アメリカのドラマを観たりして、想像力を養い、コミュニケーションを学び、人の感情の移ろいや、信仰心《しんこうしん》の違い、人の心の奥を読み取る人間学を、自分なりに分析して、日々ワクワクしたり感動したりしながら学んでいたと思います。

こうして、まーちゃんは、どんな人に会っても優しさを持って話ができ、家族みんなに気を配れる子どもに育ちました。

当時のわが家と言えば、ギャル街道《かいどう》まっしぐらの姉のさやかと、自己否定でやけになりつつあった長男、いがみあう夫婦仲で、最悪の状態でしたが、そんななか、まーちゃんは、家族をなごませるために素直な愛想とユーモアを培《つちか》っていったのです。

こうして、叱《しか》られずに育ったまーちゃんは、親孝行《おやこうこう》で、素直な子に育ちました。たまに学校へ行くと、お友達は、まーちゃんの話がおもしろくて、すぐ集まってきたそうです。

でも、やはり学校の成績にもとづく友達の序列《じょれつ》みたいなものには勝てず、孤独《こどく》になってしまうことも、ときにはあったようです。

「ああちゃん、掃除《そうじ》の時間、あたし一人でいたんだ、誰《だれ》も話す子がいなくて。そしたら、1コ上の子たちが来て、あんたって学校にもあんまり来ないで、生意気《なまいき》だねって言ってきたんだ」

「それで、どうなったの？」

「うん、掃除《そうじ》の時間が終わりになって、誰《だれ》かが呼びに来たから、そのまま逃げた」

「そっか。ああちゃんは、（学校の成績が悪くても）まーちゃんの優しさや思いやりこそがすばらしい才能だと思ってるよ。

どんな人がどんなことを言ってきても、そうした正しい心が一番強いんだよ。だから大丈夫だよ、まーちゃん。

大きな台風が来たら、大きな木でも倒《たお》れてしまうじゃない？　でも柳《やなぎ》の木って、なかなか倒《たお》れないんだよね。どうしてだかわかる？」

「大きくて、すごく根が張ってるから？」

「うん、そうだね。根は強いよね。でも、柳《やなぎ》の木って、どんなに風が吹いても、柔軟《じゅうなん》な枝で、右に吹かれたら右に、左に吹かれたら左に、吹いて来るものを受け流して、軸《じく》はしっかり地に足を付けててぶれないから、だから倒《たお》れないんだよね。

昔から『柳《やなぎ》に風』ということわざがあるんだけど、ああちゃんは、まーちゃんたちに、柳《やなぎ》の木のようになってほしいんだ。しっかりとした心の軸《じく》があって、どんな人が現われて、何を言ってきても、優しく柔軟《じゅうなん》に受け流せる、そういう子になってほしいんだ」

「そっか、柳《やなぎ》の木かぁ。あそこの家にあるヤツね。明日見に行こうっと」


それからのまーちゃんは、何度かその上級生の子たちに声をかけられたそうですが、笑って逃げ、相手を恨《うら》むこともなく、大事には至らずで学校を卒業できました。

学校の成績も良くなかったので、先生に何度かご注意をいただくこともありましたが、そのたびに、まーちゃんは笑ってごまかしていたと思います。

おっちょこちょいと思いやり

まーちゃんは生まれつき手が小さく、物をよく落とす癖《くせ》があります。そして、おっちょこちょいです。

大事な携帯《けいたい》電話をどこかで落として、それが遠い町の線路で見つかったりします。持って行ってね、と渡したものは、必ず玄関《げんかん》に置いて出かけます。

時間をかけて、やっと最後の飾《かざ》り付けを終わらせて完成したお弁当も、その瞬間《しゅんかん》に誤って床《ゆか》に落としてしまいます。

できたてのケーキを落とすのは毎度のことで、大事に録画セットした番組が消されるのも日常茶飯事《さはんじ》です。

でも、悪意からそういうことをする子どもは、いないのです。

まーちゃんは、ケーキを落としたとき、

「すごいよ、ああちゃん。絶対お化けが、あたしの持ってるケーキを落としに来るんだと思う」

と言います。そして、自分では消したはずなのに毎回のように点《つ》いているトイレの電気を見たときは、

「ああちゃん、すごいよ。ここのトイレに、『トイレのばばぁ』がいるんだよ。だってマー子（まーちゃんの自分の呼び名です）、いつも絶対消したつもりなのに、今のぞいたら、また点《つ》いてるの」

と言います。

こうした場面で「ウソをつくんじゃありません！」と怒ってしまう親御さんもおられるのかもしれませんが、私はいつも、笑わずにはいられなくて、「すごいねー」で終わります。

それは、まーちゃんの思いやりだと思うからです。

「どうしてもそんなことをしでかしてしまう自分を、母親が絶対怒らない」ことを知っているので、私に「この子の失敗をどうフォローしようか」と気を遣《つか》わせないように、自分から冗談《じょうだん》にしてくれているのです。

長男の元に来たお嫁《よめ》さんも含めたわが家の４人の娘と息子は、今では、みんな、言葉を自然に工夫して、何でも笑いに変えていけるように、それこそ柳《やなぎ》のようにふるまってくれ

ます。

長男が、「さすがのおれも、へその緒《お》が切れるぞ」とか「のど仏過ぎると熱さ忘れる」などと言い間違えて、みなを笑わせてくれています。

そのお陰で、怒りっぽかった夫も、癖《くせ》でつい怒ってしまうのですが、怒《おこ》っている最中に、みんながあんまりバカなことを言うので、笑ってしまうようになりました。

どんなに家の外でつらい目にあってきても、家に帰って来ると、それがくだらないこと、たいしたことではないように思えてきて、笑いに変えられるようになって参りました。

この家があると、男の人は昼間、外で7人の敵と戦うようなことがあっても、その日の夜には家で、ちゃんと傷を癒《い》やして、また外に出て行かれるのだと思います。

私は長い間、夫にとって、一番の敵となっていました。家を戦いの場にしていたことを、今は深く反省しています。これは娘や息子たちに教えられたことでもあるのです。

私たち家族は、正しさだけの旗《はた》を掲《かか》げて、人をなじったり、戒《いまし》めるばかりで、思いやりやユーモアのないやり方が、嫌いなのです。

間違ったことをしている人に「違うぞ！」と強く叱《しか》りつけることは、意外とかんたんです。

でも、その間違っている人は、知らずにやっているのかもしれませんし、わかっていてもできないのかもしれません。

叱《しか》ることは、誰《だれ》にでもできます。

でも、思いやりを持っている人は、怒るのではなく相手にわからせようとするものだと思います。

孔子《こうし》の話を、子どもたちとよく話し合います（次のお話は新聞に載《の》っていたお話をもとにしています）。

「飢饉《ききん》が起こって、食べる物がなくて、自分の子が死にそうになったとき、隣《となり》の家に柿《かき》がたくさんなっていました。

お父さんは、子どもの命には代えられないので、黙《だま》って柿《かき》をもいで、子どもに食べさせました。

隣《となり》の親父が柿《かき》を盗《と》られたと、警吏《けいり》を呼び、お父さんのことを泥棒《どろぼう》だと突《つ》き出しました。

警吏《けいり》は、子どもたちに、柿《かき》を食べたか聞きます。子どもたちは、食べてない、と言いました。

この子どもたちはウソつきでしょうか？　正直者でしょうか？」

まーちゃんが答えました。

「正直者に決まってんじゃん。自分さえ良ければいいっていう、隣《となり》のジジイが悪いんだ」

さやかはこう言いました。

「正直というか、自分のためにやってくれたお父さんをかばうのは当たり前でしょ。正しい愛があるから、許されるんだよ」

そこで私が言いました。

「でも、愛があっても、人の物を盗《と》ったら、捕《つか》まっちゃうんだよね。本当の正義とは何か。孔子《こうし》は、こういうことを多くの人に考えさせようとする人なんだ。ああちゃんは大好きだよ」

「ふーん」

まーちゃんは、すぐにインターネットで調べて「難しすぎ」と言いました。

このように、いつでも、親と何でも話をしてくれる子どもは、本当に親孝行《おやこうこう》だと思います。うれしいことも困ったことも、毎日話をしてくれれば、親はその子の置かれている立場も、発育状況も把握《はあく》できます。

すると、子どもが間違った方向に行かないように、少し向きを変えてあげることもできるのです。

それは、何があっても、子どもを叱《しか》らないで育てることで、もたらされます。

その上で、子どもとよく話をする、一緒《いっしょ》に考えていくことが大切です。

そのために必要なのは、お互いへの愛と思いやりしかないと思います。

何も描かないお絵かき教室

まーちゃんは、小学校低学年のとき、お絵かき教室に通いました。

いろんな選択肢《せんたくし》を与え、まーちゃん自身の興味が湧《わ》くものを見つけてくれれば、と思っていましたが、そのなかでまーちゃんが一番気に入って、通ってくれた習い事です。

その他の習い事は、まーちゃんはすぐやめました。ピアノ教室は、先生に叱《しか》られたことですぐやめました。水泳教室は喘息《ぜんそく》で入院ばかりし、欠席続きですぐやめました。作文と数の教室もあまりおもしろくなくて、やめました。

お絵かき教室だけ、どうして続いたのでしょう。それは、まーちゃんが、何もしなくて良かったからでした。

先生は自分で絵を描くのが好きで、子どもの話を聞くのが好きな方でした。

そこで、まーちゃんは、先生に絵を描いてもらって、時間をいつも延長《えんちょう》して帰って来ました。

先生のおうちは、なかもお庭も素敵な変わった形をした物がたくさん置いてあって、それは全部、先生のご主人の手作りでした。

そしていつも手編みの敷物《しきもの》の上に３匹のネコが寝ていました。

お庭には緑が生《お》い茂《しげ》り、きれいにアーチを作って、みんなを迎《むか》えてくれました。

まさしく、そこに一歩踏《ふ》みいると、別世界のようでした。

カエルや鳥の形をした手作りの調度品《ちょうどひん》があちこちに置いてあって、その口のなかにキャンドルがともされていました。

木の枝に明かりがかけられ、木の切り株をそのままイスやテーブルにしてありました。

そしてその上に、かわいいリスの置物が、どんぐりと一緒《いっしょ》に置かれていました。

花々が、季節に合わせて咲き乱れていました。

きれいな模様《もよう》が描かれた古い火鉢《ひばち》にためられた水のなかから睡蓮《すいれん》の花が咲いていて、葉っぱは静かに水に浮《う》かんでいました。

そんななかで、まーちゃんは毎回毎回、出されたお菓子《かし》を食べ、お茶を飲みながら、先生が描く絵を見て、お話をして、何も描かなかった画用紙を持って帰って来ました。

先生は、「まーちゃん、今日も何も描かなかったんです」と言って、自分が描いた絵を毎回くださいました。

まーちゃんはたぶん、絵を描くのが面倒《めんどう》で、先生がすらすら描くのを見るのが楽しくて、そのおうちの空気や雰囲気《ふんいき》が好きだったのでしょう。

たぶん、他の子もそうだったのだと思います。

まんがを読み続ける子や、ずっとネコと遊んでいる子、お庭で遊んでいる子、お茶を淹《い》れるのが好きな子などばかりで、熱心に絵を描いている子はほとんどいませんでした。

でも、すごくそこが好きで、誰《だれ》もやめようとしませんでした。

そこで学んだことは、たぶんお絵かきではなくて、学校では教えてくれない「自由」だったのです。「自由」のなかで自分がやりたいことを見つけ、何をやってもいい。そのなかで、それぞれが自分でルールを作っていたのだと思います。

その先生は、毎日子どもの話を聞きながら絵を描いてくださいました。それで、いつか自分でも描いてみたいと思うときを待っていたのでしょう。

その先生はフランスで陶芸家《とうげい》として有名になり、忙しくなってお教室を閉めなくてはならなくなりました。

でも、まーちゃんも他の子も、あの自由な雰囲気《ふんいき》を大人になっても忘れず、自分の感性を育《はぐく》むのに大いに役立ったと思っています。

平井信義《のぶよし》先生も、成果ばかり考えて、習い事をさせることは、よほど性《しょう》に合った子以外には、むしろ弊害《へいがい》が大きいとおっしゃっています。

子どもの豊かな感性を育《はぐく》むには、子ども自身が好きで通う習い事でなければいけない、ということです。

それでこそ、個性や才能が育《はぐく》まれていくのでしょう。

こうして、まーちゃんは、小学校時代には、習い事のなかに特別興味を持てるものは無く、ただひたすら姉や兄のやることを真似《まね》したり、家のなかを家具から家具へひたすら飛び回っていました。

でもやっぱり外へ遊びに行くことと、『メリー・ポピンズ』と『長くつ下のピッピ』の映画を見ることが長い間好きでした。

まーちゃんとのつらい別れ

そんなまーちゃんが、高校に上がることを考え出したときには、学校の勉強が嫌いで、その学力は学年でもビリの、とても低い状態でした。

私は、まーちゃんの人間性を損なうことなく、才能を伸ばせる、まーちゃんが楽しく通える高校がないか探しました。そして、日本の高校では相性が悪いと感じました。

私たちは、そのときすでに坪田信貴《つぼたのぶたか》先生に出会うことができておりました。ですので、どんなに悩んでも、先生にご相談すれば、行き詰《づ》まることはないと信じておりました。

「坪田《つぼた》先生。私、まーちゃんには、日本の学校のシステムでは、合うところが少ない気がするんです。先生が以前おっしゃっていたニュージーランドのような、伸びやかな場所の教育が合うように思います。そうしたら英語力もつきますし、この先、彼女《かのじょ》の人生を助ける武器になる気がしています。どう思われますか？」

私がそう言い終わった瞬間《しゅんかん》、坪田《つぼた》先生の目が輝《かがや》きました。

「お母さん、すばらしい選択《せんたく》です。まーちゃんには、僕《ぼく》が出会った生徒たちの誰《だれ》とも違う、伸びやかな個性と才能があります。その才能を伸ばすことは、日本では難しいかもしれません。僕《ぼく》の知っている、ニュージーランドの学校をご紹介《しょうかい》しましょうか」

そのお言葉に、思わず、やはり運命というのはあるものか、と思いました。

こうして、まーちゃんに、ひとつの選択肢《せんたくし》を示すことができ、いくつかの学校の話と説明をした上で、かなり話し合った末に、まーちゃん自身が、ニュージーランドの高校に行くことを決めました。

まーちゃんの留学の費用は、この頃には私と和解し始めていた夫が、快《こころよ》く出してくれました。

そうは決まったものの、今度は、私自身が、まーちゃんとしばらく離れて暮らすことに、とてつもない恐怖を覚えました。

さやかが慶應《けいおう》に通うため、東京で一人暮らしをするという段になったときの、恐ろしさ、寂《さび》しさ。それを思い出し、私は鬱々《うつうつ》としてしまいました。

今度は、東京どころか、わが子に何かあったときに車でかけつけることもできない、ニュージーランドなのです。

でも自分の感情で、わが子の大事な運命を変えるわけにはいかない。そう心に念じて、自分の感情については考えないようにしました。

でも、それが間違いでした。

まーちゃんは、遠い海外の地に降り立ったときに、自分の足場をしっかりと見据《みす》え、自分を信じて行動を始めました。

しかし、留学先まで送っていった私は、ニュージーランドでパニックになってしまいました。

その地で、親のできることを終え、できることがなくなると、恐怖が襲《おそ》ってきました。

日本に帰った後は、もうこの子の姿を家のどこにも見つけられないのです。

何かひとつの出来事を、すぐにその場で、まーちゃんと共有し合えていた幸せ。

おもしろいことを見つけ合っては、二人でおなかを抱えて涙《なみだ》が出るほど笑った毎日。

私の生活の楽しさのすべてを作ってくれていたこの子が、そばにいないこと。

これからは、すぐには声を聴くこともできないこと。

そして、この子に悲しいことがあっても、すぐに走って行ってあげられないこと。

そうした思いが一気に押し寄せてきて、私は息がうまくできなくなり、苦しくて、苦しくて、恐怖で涙《なみだ》がとまらなくなってしまったのでした。

「どうしよう、どうしよう、自分はどうしたらいいのか」

心のなかで自問自答をくり返し、この子が、一人で1回も悲しみになど襲《おそ》われませんよう、絶対に親切な人だけに恵まれて、笑っていてくれますようにと、祈《いの》り続けることしかできなくなりました。

あんなに、子どものやりたいことの邪魔《じゃま》にならない親でいようと、決めていましたのに、こんな体の変調が起こるなんて、想像を超えていました。

「どうしよう、もしまーちゃんにこんなことがわかってしまったら、きっと私を心配して、留学できなくなってしまう、どうしよう」

でも、苦しくて、苦しくて、その苦しさと恐怖を抑《おさ》えられませんでした。

ニュージーランドで何日間も、その苦しさ、恐怖と戦っておりましたが、日を追うごとにひどくなり、雨が降ってきても、知らない人に声をかけられても、ガタンという物音にも怯《おび》えるようになり、見る物すべて、娘にとって良い物なのかと疑い、より怯《おび》えてしまうようになりました（帰国後に、私はパニック障害《しょうがい》だと診断《しんだん》されました）。

もうこれ以上、この状態の私が、まーちゃんのそばに居《い》てはいけない。

もし、こんな苦しさがまーちゃんに伝染《でんせん》してしまったら、私はどんなにひどい母親になってしまうだろう。

それだけは避《さ》けたい、と思いました。

それで、まーちゃんを今すぐホストファミリーに預ける決心をし、必死のつたない英語でお願いをしました。

この子が、いかに私たち家族にとって大事な子で、私の命より大事な子であるか。いかなることがあっても、私は自分の命に代えても、この子を悲しませたり苦しい目に遭《あ》わせたりしたくないこと。

そして、私に代わって守ってほしいことを、必死で頼みました。

そう言わなければ、その場に崩《くず》れて倒《たお》れ込んでしまいそうで、そうお願いすることでしか、自分を保っていられませんでした。

言葉が十分通じたとは思えませんでしたが、私の魂《たましい》の叫《さけ》びであったことを、ホストファミリーの方は理解してくれたようでした。

ホストマザーは、涙《なみだ》を流して私を抱きしめ、「絶対に、私があなたの代わりになる」と言ってくれました。確かにそう言ってくれたことを理解できたので、少しだけ、肺《はい》に酸素《さんそ》が入ってきた気がしました。

結局、ただならぬ私の様子を案じた夫が、薬を持って、日本からニュージーランドにまで、私を0泊2日で迎《むか》えにきてくれました。

まさしく、夫がそうしてくれなかったら、私は一人で帰りの飛行機に乗り込むことは不可能だったでしょう。

夫が迎《むか》えに来てくれなかったら、知らない土地でのたれ死んでいたであろうことが、私にははっきりわかっていました。

まーちゃんは、私と夫が日々ののしり合い、いつ離婚《りこん》を決行しようかと騒いでいるときに、亡くなったおじいちゃんのお仏壇《ぶつだん》の前に座って、毎日毎日手を合わせ、両親が離れ離れで生きることになりませんようにと、一人、お願いをしてくれていた子でした。

まさしくその奇特《きとく》な思いが、今こそ通じたかに思えました。

我を張っていた私は、夫がいなければ、そのとき、もう何もできなくなっていたのです。

じきに、そんな私の姿を心配して、東京で順風満帆《じゅんぷうまんぱん》に楽しく過ごしていたはずのさやかが、「名古屋で働けるよう、会社に交渉してみる」と言ってくれました。

今こんな状態となって、また娘と一緒《いっしょ》に暮らせるなんて、私にとっては夢のようでした。

東京での夢の実現や野望をいともかんたんにあきらめ、私のために名古屋に帰って来てくれるとは、なんて親孝行《おやこうこう》な子であるかと、私はむせび泣きました（こうして、さやかは、大手ブライダル会社の名古屋支社に一時期、勤めていました。その後、長男の結婚が決まり、二世帯住宅にすることが決まったちょうどそのタイミングで、東京の別のブライダル会社にお声をかけていただき、長男夫妻が私と同居してくれることに安心したさやかは、再び上京することになります。長男のお嫁《よめ》さんが、わが家の〝新しい娘〟として順応し、家を明るくしてくれていることに、さやかも安心したようでした)。

今では思い出となりましたが、何年もの間、愛する娘と長い距離を置いて暮らすという苦しさは、私にとって、いまだかつて経験したことのない、最大級の苦しみでした。

安住の場を遠く離れて――

安心できる家庭があってこそ――いつでも自由に、何でも思ったことを話せる居場所があってこそ、外でも、子どもも大人も活躍の場が持てるのだと思います。

でも今や、まーちゃんは、そんな安住の場をしばらく離れ、不安でいっぱいの外国生活を、一人で始めることになりました。

果たして、ニュージーランド留学は、まーちゃんにとって、生まれたときから大事に育てきた自発性の発露《はっろ》と、さらなる成長の機会となりました。

自発性とは、自分で考え、自分で行動を選び、自分で行動する力のことです。この力が育つ過程で、意欲もまた育ちます。意欲（やる気）があれば、毎日が生き生きと過ぎ、生きがいのある人生につながっていきます。

日本とは異なる日々の生活のなかからは、創造力も養われました。

そしてその創造力が、まーちゃんの才能を伸ばすことにつながっていきました。

まーちゃんは、しばらくは、自分一人で考えて、明るさを忘れないように、自分らしさを忘れないように、懸命《けんめい》にがんばっていたことと思います。

ホームステイ先ではお風呂《ふろ》に入れることはほとんどなく、シャワーは、10分以内に済まさないといけませんでした。

夏場はまだいいのですが、冬の極寒《ごっかん》のなかでも、突然《とつぜん》お湯は出なくなります。

ニュージーランドは、水と紙の資源が少ないらしく、日本のように、いくらでも水が使えるわけでもなく、鼻《はな》も気軽にはかめません。

今まで家事をあまりやったことがなかったまーちゃんは、洗濯物《せんたくもの》の渇《かわ》きが悪いと、臭《くさ》くなることを知りました。

ホームステイ先ではベッドの布団《ふとん》を干す習慣が無く、運が悪いと、謎《なぞ》の虫に刺《さ》されたり、かまれたりしたそうです。

「こっちの人はかまれないのに、なぜか留学生《りゅうがくせい》だけをかむ虫がいるんだ。ああちゃん、知ってる？」

まーちゃんが電話でそう言ってきたので、すぐに日本の防虫剤《ぼうちゅうざい》や殺虫剤《さっちゅうざい》や薬をかばんに詰《つ》めて、飛行機に乗ろうとして、税関で捕まったこともありました。

また、「寒くて寒くて仕方がない」と言うまーちゃんの、ベッドに夏用の布団《ふとん》しかないことを知ったときも、すぐに蒲団《ふとん》を送ろうとして、夫にとめられました。

意地が悪い人には会わなかったそうですが、意思の疎通《そつう》がうまく行かなくて、生活することに必死だったと思います。


まーちゃんの生活拠点《きょてん》は、風光明媚《ふうこうめいび》な、日本の別荘地のような住宅街でした。そのため、学校に通うのはバスが主流でした。

が、日本のように正確な時刻表はなく、運行は運転手さんの気分次第のところがあって、待てども待てどもバスが来ないこともありました。まだ言葉もわからず、そうしたことに慣れてもいなかったまーちゃんは、何が起こっているのかわからず、泣いて学校に行けなかったり、家になかなか帰れなかったりしたことも度々《たびたび》あったそうです。

そんな苦労も、生きていくために、自分が笑っていられるように、ひとつひとつ乗り越えていきました。

私は、遠く離れたわが子を、いざというときはすぐ助けに行ける距離から見守ることすらできない苦しさに打ちひしがれていました。

でも、そんな娘の雄姿《ゆうし》に恥じない、自分にできることは何か、常に考えていました。

初めてパニック障害《しょうがい》になったとき以来、不安のうちにニュージーランドを再び訪れた際には、まーちゃんはすっかりたくましくなり、私をあちこちに案内してくれました。

「まーちゃん、すごいね。もうそんなに何でもわかるようになって」

「あのね、マー子ね、自分がやらないと死んじゃうんだって思ったよ。今まで、ああちゃんに何でもやってもらって助けてもらって、自分ではしっかりしてるつもりと思ってたけど、違ってた。

一人って、すごいね。家族で暮らせるって、やっぱすごいね。一人で考えて、自分で判断して、間違ってたら死ぬ。そう思うから、必死に乗り越えなきゃって思って、何でもやれるようになってきたよ。

つらいとか思ってる暇《ひま》なかったよ。でも不思議とそう思うと、やってこれたよ。大丈夫だよ、楽しくなってきたから」

涙《なみだ》が出るほど、娘の努力が身に染みました。

「ああちゃん、今まであたし普通に思ってたことに、すごく感謝できるようになって、良かったと思ってるよ。ここに来て、つらいことばっかりだったけど、それに気づけたから、感謝してるんだ」

娘をまた、なお愛おしく思いました。

「ああちゃんが来たら連れて行ってあげたいと、ずっと思ってたんだ」

まーちゃんはそう言って、おいしいお店、かわいいお店に連れて行ってくれました。

「まーちゃん、脚《あし》、歩けるの？」

あんなに歩けなくて泣いていたのに、今はいっぱい歩いていました。

「うん、あたし、もしあのまま歩けなかったら、死んじゃうよ。ここでは歩けないとダメなの。この前もバスが来なかったから、月明かりだけを頼りに、家まで1時間以上歩いて帰ったんだ」

「ねえ、なんでそんな大きな靴《くつ》はいてるの？」

「もらった靴《くつ》なの。こんなにいっぱいしてくれてるから、これ以上迷惑かけれないでしょう？　何でもやれることは、自力でやろうと思って」

足の裏を見せてもらったら、たこの上にたこができて、カチカチの凸凹《でこぼこ》になっていました。

「ひどい足でしょう？」

「まーちゃん」

最初はきっと、足が痛くて泣けてきたことと思いましたが、きっと足の痛さなど比べものにならないくらいの気持ちで、必死に歩かなければいけなかったのだろうと思い、泣きそうになりましたが、泣いている場合ではないと思いました。

この経験が、この子をどんなに大きく成長させてくれているのだろう、と気持ちを感謝に切り替《か》えました。

そうして何度か訪れる度《たび》に、成長をとげる娘に、驚《おどろ》きを隠せませんでした。

「私ね、自分がつらくて、泣けて、途方《とほう》に暮《く》れていたとき、親切に助けてくれた人のことが忘れられないの。たぶん一生覚えてると思う、あのときの気持ち。だから自分が今度は助けてあげたいの。不安で泣きそうになる気持ち、誰《だれ》よりもわかるから。そう思うとなんか、英語が頭に入ってくるの。不思議ね、ああちゃんが『学問はまず心ができてないと』って言ってたけど、こういうことなのかな」

このように育ってくれる娘に、感謝《かんしゃ》でいっぱいでした。

予約できないレストラン

まーちゃんは、留学によって、たくさんのかけがえのないものを得てきたと思います。

私は毎日、娘の笑っている顔を確認したくて、苦手なパソコンと毎日格闘《かくとう》をして、スマートフォン、スカイプ、ホームページ、フェイスブックなどを使えるようにしました。

「ああちゃん、あたしは大丈夫だよ、今日も何回も笑ったよ。ホストマザーのへイレーは、すごく優しくて、ああちゃんが心配してた、あたしの方向音痴《おんち》だけど、ちゃんと車で送り迎《むか》えもしてくれるから大丈夫だし。あと、ああちゃんが心配してた毎日の食事も、すごくおいしいご飯を作って出してくれるんだよ。

ほら、前一緒《いっしょ》に行った池下のおいしいレストランのサラダとおんなじようなのが出てくるんだ。そいでさ、カレーに豆が入ってて、ココナツ味なんだよ。すごーくおいしいの。

あと、アボカドのメキシコ料理で、サルサっていうのも出るんだよ、すごいよ。

あと、すごくおいしいはちみつマスタードのドレッシングの作り方を教わったの、今度ああちゃんにも食べさせてあげたいなー。

毎日、予約できないレストランに来てるみたいだよ」

と一生懸命《けんめい》、自分が楽しんでいる様子を、わざと誇張《こちょう》して、私を心配させないようにふるまう声に涙《なみだ》が出そうになりました。

「そいでねー、ミアラっていうドイツ人のホストシスターがいてね、すごく優しいんだよ。最近は毎日一緒《いっしょ》に学校に行って、帰りも一緒《いっしょ》に帰るんだけど、素敵な自分のお友達を紹介してくれて、その人たちがマー子ともお友達になってくれて、楽しいこと、いっぱい教えてくれるんだ。

シティーも案内してくれて、かわいいお店とか、おしゃれなとこもいっぱい知ってて、今度ああちゃんを連れてってあげたいなー、と思ってるとこなんだ。マー子は笑ってるよ、大丈夫だよ」

思いはつながっていて、なんてうれしい言葉を言ってくれるのかと、また泣きそうになりながら、「ありがとう、ありがとう」と言いました。


「あたしね、英語しゃべれなかったじゃん。だから必死に聞いて、毎日辞書《じしょ》引きまくって、とにかくわかんなくても、英語をしゃべれる人に聞きまくってたの。なるべく日本人の友達に頼らないようにしてたんだけど、私って右も左もわからなかったからさ、聞くと、ほとんどの人が手を両方挙《あ》げてWの形にして、黙《だま》って行っちゃうの。

途方《とほう》に暮れてると、そしたらたまにすごく丁寧《ていねい》に、親切にしてくれる人に出逢《であ》えることがあるの。そうすると涙《なみだ》が出るほどうれしくて、そんなとき、神様みたいに見えるの。

でもまた、バスに乗るはずだったんだけど、バスがたまに、日本みたいに正確に来なくて、運転手さんが勝手にさぼっちゃって、待ってても待ってても来ないときがあるんだ。知らないところで、だんだん真っ暗になってきて、お金もないし、電話もないし、聞いてもわからないし、もうこのまま家に帰れないで、どうなってしまうのか怖くて、怖くて、泣きそうになったとき、バスは来ないよって教えてくれる人がいたの。

なぜか魔法《まほう》のように英語を理解できて、もう1個向こうの道まで歩いて行くんだと教えてもらえて、奇跡《きせき》的に無事に帰れたんだ。
そのとき、思ったの、あたしも早く自分で英語がわかるようになって、困ってる人を助けてあげれるようになろうって」

勉強嫌《ぎら》いのまーちゃんでしたが、ニュージーランドでは日々の生活そのものが勉強となっていました。英語を学ばなければ生きていけないことをすぐに理解し、実行していました。厳しい海外生活を通して、人に尽《つ》くせる喜びをよりいっそう知ったことで、まーちゃんの「人を喜ばせたい」という才能が、さらに伸びたと感じました。
また、自分の目の前に現われてくるものが、仮につらく、苦しいものであっても、不満や恨《うら》みを抱かず、いったん受け入れて、最後には、そうした運命にお礼を言えるようになっていました。

そうしたたくましさを育《はぐく》んだまーちゃんは、ニュージーランドで出会った人たちに助けられながら、何とか3年かかって高校を卒業しました。なるべく日本人留学生と一緒にいないようにがんばっていたせいか、英語は日本人のなかでは一番の成績でした。

途中、激しいホームシックになったこともあったそうですが、そうした苦労を全部乗り越えて、まーちゃんは帰国しました。

そして、日本の学校ではビリで、問題児と言われたまーちゃんも、日本の難関《なんかん》大学である上智大学の現役合格を目指すことになりました。

受験の神様に愛されるには

帰国後は、慶應《けいおう》に合格したさやかの後を追って、まーちゃんもいよいよ、坪田《つぼた》先生の塾《じゅく》で本格的な受験勉強にとりかかりました。

指導をしてくださったのは、坪田《つぼた》先生のお弟子さんである中野正樹《まさき》先生でした。

まーちゃんは、上智大学を、帰国子女枠《わく》（当時）で8月に受験するつもりでした。そのため、5カ月前の3月から受験勉強をスタートさせました。

坪田《つぼた》先生に最初に習った言葉は、「情けは人のためならず」ということわざの意味でした。

「あーちゃん、これは、人に情けをかけると、めぐりめぐって、知らないとこから情けが返ってきて、結局は自分に良い報《むく》いがある、っていう意味なんだって」

「へー、最初にすごく良いことを勉強させてもらったね」

「うん、マー子、こういう勉強するの、すごく楽しい」


そんな喜びで始まった受験勉強でしたが、何せ今まで「机《つくえ》に向かって」静かに長時間の勉強などしたことがなかったまーちゃんです。

意欲にあふれて、がんばりたいのに、勉強し始めると、1時間が限界で、すぐ涙《なみだ》があふれてきて、勉強を続けられなくなってしまいます。

「どうしたの？」

「あたし、勉強したいのにできないの。つらくて、つらくて、やってられなくて。で、そんな自分が情けなくて、涙《なみだ》がとまらないの。あたし、お姉ちゃんみたいに、いくら短期決戦でも、あんなに一生懸命《けんめい》、勉強し続けられないよ、どうしよう？　ああちゃん、どうしよう？　あたしには、やっぱり受験は無理かも」

「そうか。そんなに苦しいのに、わかってあげられなくて、ごめん。でも、まーちゃんのことは、ああちゃんが決められないよ。自分で決めて、やめるなら、やめても構わないよ。何も気にすることはないし、まーちゃんは、何でもやれる子だから、受験以外にも、ワクワクすることは見つかるって。大丈夫！」

「ヤだ、ヤだ！　私は絶対、大学に行きたいの！」

そう言って、亡くなったおじいちゃんとおばあちゃん（さやかの慶應《けいおう》合格後に亡くなった父方の祖母《そぼ》）の仏壇《ぶつだん》の前に行って、泣いて手を合わせていました。

「神様、仏様、何の神様でもいいから、合格の前に、まず勉強することができますように」

と言って、しばらくは机《つくえ》に向かって勉強しては、やっぱりダメで、泣いて神頼みをする、といったことをくり返していました。

そんな姿をじっと見守りながら、毎日、中野先生の出す宿題を一緒《いっしょ》に話し合いながら、こなしていくようにしました。

すると、人間というのはどこかでエンジンがかかるもので、4月にもなると、さやかの再来かのような姿で、机《つくえ》に向かって勉強を続けられるようになっていきました。

受験勉強の際に一番苦しいのは、精神面のコントロールです。ですので、まーちゃんにも、さやかの受験のときと同じように、山登りの話をしました。

「山登りと受験勉強って、似たとこあるよね？」

「なんで？　全然違《ちが》わない？」

「似ているところがあると思うんだよ。

山には登りやすい低い山、登るのがたいへんな高い山があるよね。で、どの山に登るのかは、自分で決めるんだよね。そこからして、受験勉強に似ていないかな？

で、最初は、『山の頂上には、どんなにすばらしい景色が待ってるんだろう？』と思うけど、登り出してから90パーセントは、つらいことばっかりで、足元を一歩一歩見ながら歩くしかないんだよね。一人で登っていると、途中《とちゅう》すごく孤独《こどく》だし、ちっとも進んだ気がしないと思う。

でも、たまに後ろを振り返ると、すごく高いところまで来てたりする。もう、下で見られなかった景色になってて、十分感動できるんだ。だけど、頂上に行くには、また足元の険《けわ》しい道を見つめて、また一歩一歩、歩いて行くしかない。

それをくり返してると、はるか先を歩いている人を見て自分と比べたり、頂上を見上げてため息をついたり、休みたいと思ったり、道を見失ったりして、泣きたくなってくる。

でも、今さらやめたり、引き返したりするのもつらいし、上に行けば行くだけ、空気が薄《うす》くなってきて、それに順応《じゅんのう》しなければいけなくなるんだよね。

そうした、その場所、その場所に応じたルールを学んでいかないと、命を落とす可能性だってある。そうやって、命に関わると思って学んで、順応《じゅんのう》していくから、やった人でなければわからない達成感《たっせいかん》と感動《かんどう》もまた、あるんだね。

で、そのつらさからは、前へ進むことでしか解放されない。つらくて、孤独《こどく》で、やっぱりやめたい、と思ったときに、そばを歩いてる人が声をかけてくれたら、うれしいよね。『お互い、しんどいよね。でも、頂上には、こんなものもあるよ！　すごく素敵だよ！　がんばってね』ってさ、一緒《いっしょ》につらさを共有できたら、うれしいよね？

それで、もしも自分が達成できたら、今度は、他人のために声をかけられる人になりたいと思うよね？

結局、山登りも受験も、つらいことを乗り切れる力を持てることがすばらしいんだよね。『自分はつらいことだって、クリアできるんだ』って自信がつくと、自分がなすべき役割もわかってくる。周りにいる人みんなと喜びを分かち合うこともできる。そうなると、喜びも倍増するんだね。

だから、足の速い子に抜かされたっていいんだよ。頂上に着けば、一緒《いっしょ》だもん。その代わり、山には山の神様がいらっしゃって、たぶん他人を無理やり押しのけて、自分だけ登れればいいと思ってる子は嫌われると思うんだ。

一見楽をしたつもりが、不思議と、その子のとこだけ道がもっと険《けわ》しくなっていく。みんなに冷たい目で見られてたら、同じ道だって、もっとつらい道に思えてくるからね。でも逆に、困ってる人に声をかけて通って来た子には、みんなもあたたかく反応してくれるから、道も少しは楽に見える。

だから、負けないように、他人を蹴落《けお》とす気持ちで押しのけて行くより、思いやりを育てながら助け合って登っていくほうがいいんだ。

不思議と自分が助けてもらえることが増えて、楽に頂上にたどり着かせてもらえるようになると思うよ。

受験もおんなじで、受験の神様がいるって言うじゃない？

だから、受験の神様に好かれるような子になって、合格するほうが得なんだよ」

「そうかなあ？　受験は、隣《となり》の子を応援《おうえん》して、その子ができたら、自分が受からなくなっちゃうよ」

「そう思うでしょ？　それが実は違うんだよね。例えば、ゴルフの世界で厳しい勝負をくり返して世界の頂点に立ったタイガー・ウッズは、勝利を決める大事なパットを相手が打ったとき、『入れ！　入れ！』と願うんだって。

なぜウッズがそうしたのか？　いろいろな解釈があるんだけど、ああちゃんはこう思っているんだ。一緒《いっしょ》にプレーするライバルでも、その人はタイガー・ウッズにとって、一緒《いっしょ》に努力してきた仲間でしょ。だから、そうした仲間と苦しみを分かち合う喜びを、タイガー・ウッズは知ってる。それで、そう願うんだって思うんだ。

ライバルであっても、その苦労が報《むく》われるように願う——そう願える人が、本当にトップに立ててるんじゃないかな。だから、ある時期、誰《だれ》もタイガー・ウッズに勝てなかったんだよ。

これってどう思う？　やっぱり勝負の世界でも、どんな世界でも、成功する秘訣《ひけつ》って、おんなじなんじゃないかな？

『受験は水もの』なんて言うじゃない？　でも、定員は一人だけじゃないから、同じくらい努力した人たち、自分の足でつらい思いをして登ってきた人たちが、頂上入り口で足元をすくわれずに、一緒《いっしょ》にゴールできるんだと思う。

本当は、受かることだけが大切なんじゃない。苦しさを乗り切ったっていう達成感《たっせいかん》と、そのなかで見出した自分の役割に気づくこと、そしてそれに関して仲間と一緒《いっしょ》に喜びを感じられることが大切なんだ。

受験勉強を通じて、精神的なことをいっぱい学べるから、その人にとって受験が険《けわ》しければ険《けわ》しいほど、学べることも多くなると思う。

そうしたことをちゃんと理解した人が、めげずに山を頂上まで登れて、成功するんだと思うよ」

その言葉を信じたまーちゃんは、受験当日、変な子扱《あつか》いをされても、すれ違う受験生みんなに笑顔を見せて、ときに声をかけながら教室に入って行きました。

結果は驚くべきものでした。

「ああちゃん、すごいよ。やっぱり、ああちゃんの言う通りだった。みんな超《ちょう》頭良さそうで、がんばってきた感があったから、最初は『誰《だれ》にも負けたくない』って感じでみんなぎらぎらした目つきになってたけどさ。笑顔で話しかけてたら、隣《となり》の子も笑顔を返してくれて、すっと気が楽になって、リラックスして問題を解けたんだよ」

私は、このような言葉を聞けるときが、一番幸せでした。

なんと素直な子かと、感動がこみ上げてきて、「どうか、どうか、どんな結果が出ても、この子が、いつかこの受験のことを、大きな人生の財産だと思ってくれますように」と心から願いました。

そして、まーちゃんは無事、上智大学に合格したのでした。

第八章

子どもを伸ばす親、つぶす親（自戒《じかい》をこめて）

※さやかが幼い頃の
ああちゃんとパパ

「しつけ無用論」

児童《じどう》心理学者　平井信義《のぶよし》先生は、「しつけ無用論」を唱《とな》えておられます。

小さいときから親と先生の言うことだけを素直に聞く、手のかからない子が、思春期に校内暴力、家庭内暴力、登校拒否、神経症、心身症などになりがちなのは、子どもの心を理解しない〝命令的な圧力によるしつけ〟のせいだ、と言うのです。

私もこのお説を信じ、「しつけ無用論」を実践してまいりました。

さやかと妹のまーちゃんに友人が多いのには、そのお説の通り、威圧《いあつ》的なしつけをしないよう心を改めたことが幸いした、と思っています。

特にまーちゃんには、幼い頃から「謝《あやま》りなさい」「ありがとうと言いなさい」「ごあいさつは？」というしつけはしてきませんでした。

子どもが納得していないことを強制《きょうせい》して、〝良い子〟を装《よそお》わせるような道徳教育はしないできたのです。

本当に子どもにやってほしいことは、自分でやって見せて、子どもに自主的に「真似《まね》したいなあ」と思わせるように仕向けてきました。

それでこそ、人生に意欲的で、一度その気になったときには爆発的《ばくはつてき》にがんばれる若者、大人に育つと思うのです。

〝良い子〟を装《よそお》わせる育て方をしてしまうと、表では〝良い子〟としてふるまえても、心のなかでは、心ならずものことを強制《きょうせい》されてきた不満が募《つの》っており、陰でいじめをしたり悪口を言ったりする大人になりやすいと私には思えます。

そうした人物の友人になりたい人が、果たして多くいるものでしょうか。


子どもの心を理解せずに、ただお行儀《ぎょうぎ》を良くさせること、大人に迷惑をかけない子に育てることに専念される親御さんと、過去に何人も出会ってきました。

そうしたご家庭のお子さんは、確かに丁寧《ていねい》なごあいさつに始まって、大人びた受け答えができ、そつのない立ち居《い》ふるまいができる、一見、すばらしいお子さんたちでした。

ただ、そうしたお子さんたちが、裏に回ってさやかやまーちゃんに決まって言うセリフは、

「裏で悪いことをしてたって、誰《だれ》にも迷惑かけてなきゃいいじゃん」

「要は、バレなきゃいいんだよ」
だったそうです。

長く根付いてきたスパルタ教育について

教育者の長谷川由夫《よしお》先生は、前出の『あなたと子供が出会う本』のなかで、現代は情報過多《かた》でありながら、正しい情報を選別《せんべつ》しにくい情報飢餓《きが》時代でもある、として、こういったことをおっしゃっています。

現代は、誰《だれ》か偉《えら》い方が旗《はた》を掲《かか》げて言い出した、いかにも正しそうなスローガンを、疑わずに正しいと思い込み、ワーッとみながなだれ込んで真似《まね》をする。その絶対数が多いほうが正しい、とされがちな時代である。

例えば、「人に迷惑をかけない」というスローガンが、どこの学校にも誇《ほこ》らしげに掲《かか》げられるようになったことについて、「高慢《こうまん》な人間を作りかねないのではないか?」。

なぜなら、人間は多くのものに面倒《めんどう》をかけどおしのなかで、やっと育っていけるものである。なのに、「人に迷惑をかけない」というスローガンにより、「みんな、迷惑をかけながら生きている」という自覚がなくなってしまう。

こうしたスローガンのせいで、「草木や他の動物すべてに迷惑をかけながら、我々はやっと生きているのだ、だからすべてに感謝しないといけない」ということをわからない子が多く育つのではないか？　――と。

また、「みんな仲良く」というスローガンも、これこそ管理者側の思想で、「みんな」に入れない子を認めない、いじめをする発想のもとだ、とおっしゃっています。

一人でいて、みんなと仲良くしない子も包んでいく発想に欠けている、右へ倣《なら》えの考え方だ、と。

本当は「和して同ぜず（協調していても、主体性は失わないこと）」で、仲良くしていながらもひとりひとり個性を保っていて、みなに引きずられないことが、理想なのではないか、と。

そして、「厳しく叱《しか》って育てろ」という発想こそが、子育ての最大のガンだともおっしゃっています。

どこかの偉《えら》い方が掲《かか》げた戦前から続く「スパルタ教育」は、中身の吟味《ぎんみ》も確認もされないまま、みなが模倣《もほう》し、常識のようになっている、と。

ムチで外から訓練して、大人や国家にとって都合のいい枠《わく》にはめ込み、子ども自身の理性や知的好奇心《こうきしん》、自発性や向上心の発育など望まないスパルタ教育。ただ、大人や社会にとって都合のいいことだけを言って従うようにさせればいい――というのは、ほとんど、動物の扱いと同じに思える。

動物のような扱いをすれば、人間らしい人格に育たないのは当たり前である。不寛容《ふかんよう》な叱責《しっせき》や過酷《かこく》な体罰《たいばつ》で物事を覚えさせるのではなく、その子本来の理性と情緒《じょうちょ》で覚えさせるのが、子育ての本道なのだ。

長谷川先生の『あなたと子供が出会う本』で、私はそう学びました。

坪田信貴《つぼたのぶたか》先生も、

「スパルタ教育やしごきは、一部のエリートを生み出すのには良いのかもしれません。でも、その背後にたくさんの落ちこぼれや無気力な人間を生み出してしまう教育法、トレーニング法でもあるのです。僕《ぼく》は、少子化が進む日本で、もう一人も落ちこぼれなんか作ったらいけない、全体を底上げしなきゃいけない、と思って、教育をしているのです。また、しごきに感謝するようになる子もいますが、それは〝共依存《きょういぞん》〟という良くない状態になっているだけかもしれません」

とおっしゃっています。

犯罪《はんざい》心理学に詳しい長谷川博一《ひろかず》先生は、子どもが犯罪者《はんざいしゃ》となる原因は、親の理想を押しつけるようなしつけ、子どもの感情を抑《おさ》えつけるようなしつけにあるとおっしゃっています。

「しつけない教育」とお行儀《ぎょうぎ》

こうしたことを悟りつつあった私は、長男が小学校に上がる頃には改心し、厳しいしつけをやめるようになりました。

そのため、前述のように、わが家の姉妹は、顔見知りの前ではけっしてお行儀《ぎょうぎ》が良い小学生ではありませんでした（長男だけは、夫のスパルタ式教育の影響で、おとなしく〝良い子〟を装《よそお》うようになっていましたが、家のなかでは暴れ、裏では妹をいじめる子になっていました）。

どこに行っても、ソファーを見れば、姉妹は、トランポリンだと思っていました。テーブルの上を飛び回ったり、よじ登ったり、手づかみで物をむさぼったり、広いところに出ると、ところ構わず駆《か》け回ったりします。まだ背が低かったので、少しでも大人の目線に近づきたくて、登れるところには、どこにでもよじ登っていました。

私は、興味のあることは何でも自由にさせていました。ただちゃんとそばに付いて歩いて、何とか危険は回避《かいひ》し、あまり人様の迷惑にはならないよう、ときには「何がいけないのか」を穏《おだ》やかに、丁寧《ていねい》に教え、諭《さと》しながら、子どもに怒りだけはぶつけないように接してきました。

わが家の三人は、幼い頃から外遊びが中心で、公園や近所の自然を遊び場とするのが日課となっていたので、大きな穴や田んぼの肥溜《こえだ》め、側溝《そっこう》などの危険な場所を、自分でちゃんと回避《かいひ》する技も、自然と身に付けた小学生に育ちました。

幼き日の三人は、大きな木や、銀杏《いちょう》、土筆《つくし》、松ぼっくり、どんぐりなどをおもちゃに遊んでいました。

また、大きな河から小さな川までで、川遊びをしたり、蛍狩《ほたるが》りをしたり、花火、紅葉狩《もみじが》り、お花見をしたりなど――私にお金がないのを知っていて、ジュース1本ねだったことのない子どもたちでしたが――近所で十分、1年中、目を輝《かがや》かせて、自然を食い入るように見て楽しんでいました。

お行儀《ぎょうぎ》が悪い結果、確かに、小さな傷は頻繁《ひんぱん》に負っていました。

ただ、さやかはおてんばな幼少時代を送ったにもかかわらず、日々の木登り訓練《くんれん》のおかげで、骨を折るような大きなケガをしたことはありません。

幼少期の長男は、無鉄砲《むてっぽう》な性格で、身体能力を超えた高すぎる場所から飛び降りたり、着地場所がぬかるんでいたり、あまりに高速で走ったりしては、転んだり、時々、骨折《こっせつ》をしていました。

そんな行動的な、悪く言えば粗野《そや》で、お行儀《ぎょうぎ》の悪い、暴《あば》れん坊のような幼少期、小学校低学年時代を送ったのにもかかわらず、日々、なぜそうしたことをしてはいけないのか、穏《おだ》やかによく説明し、諭《さと》していった結果、さやかもまーちゃんも、小学校高学年近くにもなると、改まった場所に出ても恥ずかしくない、場所をわきまえた行ないができるようになり、何よりその場の空気を読んで、人の気持ちを理解できる能力が養われてきました。

子どもとは、人間とは、そういうものなのかもしれません。根底に、他人への共感力や思いやりの心が育っていれば、マナーはあるとき、急速に身に付くのではないでしょうか。

今ではすっかり、時と場所をわきまえて、行動ができる大人になりました。

それは、「自然の力を借りて十分に遊ばせることで、幼少期の日々生み出されるエネルギーを、鬱屈《うっくつ》させることなく、発散させてこられたせいだ。その上で、時間をかけて、子どもに理解してもらおうと、穏《おだ》やかに諭《さと》してきたお陰だ」と私は信じてやみません。

「叱《しか》られて育った子は一目でわかる」

教育者の長谷川由夫《よしお》先生曰《いわ》く、叱《しか》られて育った子は一目でわかる、とのことです。

そうした子は、かわいげがなく、すぐいじける傾向があり、いつも誰《だれ》からでも自分に目を向けて欲しがるのだそうです。

そしてまた、警戒《けいかい》という鎧《よろい》を身に着けており、人を寄せ付けない雰囲気《ふんいき》があるそうです。親の攻撃的な態度《たいど》を真似《まね》て、自分のことを棚《たな》に上げた、他人を告発する傾向が強いそうです。

こうして、いじめっ子といじめられっ子が生まれるのだそうです。

長谷川先生が実践《じっせん》と研究のなかからこのように書かれていることに、私は感心し、自分のつたない経験からも、それはやはり真実だろう、と思いました。

でも叱《しか》るやり方を、今さら変える勇気のある親御さんが実際には少ないのも、また事実でしょう。

もし子どもが「このおもちゃが欲しい」と駄々《だだ》をこねても、ちゃんと穏《おだ》やかに優しく説明し、「買いません」と言ったら、絶対に買わない。

その際に、笑顔を忘れず、子どもが納得するのを待つ——それが正しい厳しさであって、親がヒステリーを起こす兆《きざ》しすらも見せなければ、子どもはそこから美徳を学ぶものだ。

怒ること、叱《しか》ることは、単なる「相手への攻撃」である。

相手に理解をさせられない自分の未熟《みじゅく》さの表われである。

叱《しか》らずに、子どもに何かをさせる手立てのなさ。知恵のなさ、知識のなさ。その表われなのだ、と長谷川由夫《よしお》先生はおっしゃっています。


この点に関しては、これまでご紹介してきたように、私自身も多くの失敗をしてきました。とりわけ、長男に関して、です。


私は、長男が小学校に上がった後は、叱《しか》りつけることでゆがめてしまった長男の心を、元の素直な性質に戻《もど》そうと、その後、平井先生のおっしゃる「無言の行」を行なうようになりました。それは、「小学生以上の子どもに口を出さない」という修行でした。

つまり、それからは、長男がどんなことをしても、無言で信じて、見守り続けたのです。

かつて怒りを露《あら》わにして心を傷つけたお詫《わ》びを心のなかでしながら、本来の3倍の時間をかけて、信頼を取り戻《もど》そうとしたつもりです。

小学校に上がる前の長男は、姉妹を叩《たた》いたり、彼女《かのじょ》たちのイヤがることをして暴れたり、お行儀《ぎょうぎ》悪くご飯を食べたり、物を散らかしたりしていました。

本当は、そんなときでも、姉妹へのケアをしながら、長男を叱《しか》ることはせず、じっと見守り、長男自身が自分で考える力を養《やしな》い、責任感を持てるよう、その自発性を信じて、穏《おだ》やかに諭《さと》してわからせることに徹《てっ》するべきだったのでしょう。

しかし、当時の私は、母として未熟《みじゅく》でした。

人前で長男が暴れたときなどは、ママ友のなかで孤立《こりつ》したり、私の母に問い詰《つ》められたりするのを恐れて、表面を取り繕《つくろ》うために、私は長男を叱《しか》っておりました。

誰《だれ》かとケンカやもめごとが起こったときは、必ず、わが子である長男を悪者にして、謝《あやま》ったりして、私自身の体裁《ていさい》を守ろうとしたことが、確かにありました。

でも、本当は、4歳になるまでの間に、叱《しか》らずに諭《さと》して、子どもの責任感や自発的意欲や創造力をしっかりと養《やしな》っておくべきだったのです。

それには、いたずらや、罪のないケンカをたくさんさせることが良いそうです。そして、怒《おこ》らず、叱《しか》らず、「それこそが正常な発育段階なのだ」と認め、子どものことを信じぬくべきだったのです。

平井先生のお説の通り、4歳になるまでの間は、その後の正常な発育の妨《さまた》げにならないように、そのように接してあげるべきでした。

でも、私のように、失敗はしても大丈夫なのだと思います。

間違えたことに気づき、その罪滅《つみほろ》ぼしとして、その後じっと耐《た》える時期が長引くのを覚悟し、改めて子どもを信じ切ることで、挽回《ばんかい》はできると思います。

そうすれば、本当に責任感のある、意欲に満ちた、誰《だれ》からも愛される思いやりにあふれた親孝行《おやこうこう》な子に育ってくれるはずです。

過保護《かほご》は子どもへの攻撃である

子どもをつい叱《しか》ってしまう親御さんがいらっしゃるいっぽうで、子どものことをあれこれ心配して手を尽《つ》くす過保護《かほご》な親御さんもいらっしゃいます。

過保護《かほご》も子どもへの攻撃であることに変わりはないのではないかと私は思います。

本書プロローグで、私自身の、小学校1年生の登校1日目の出来事についてお話ししました。

小学校の門のところで、帰り道がわからなくなり、2時間（自分では4、5時間にも思えました）、立ち往生《おうじょう》していた私を、そっと陰から見守り、自分で帰り道を見つけるのを待っていてくださった、担任《たんにん》の先生のお話です。

もし、「君の帰る道は、あっちの門だよ」とひとこと言えば、先生も、2時間も待たずにさっさと仕事を終えて帰れたのに、私が自分で気づくまで、じっと手を出さずに見守ってくださっていた先生。

子どもが困っているときに、大人が手を出してしまったら、ことはかんたんにすんでしまいます。

でもそれが、そのとき、その子にとって正しいことなのかどうか？

ときに、窮地《きゅうち》、ピンチに追い込まれたときに子どもの脳内で起こる思考能力の発達を、阻害《そがい》してしまうこともあるのではないでしょうか。

親は、過保護《かほご》にするのを、愛情ゆえと勘違《かんちが》いしがちですが、本当は、自分の都合を良くするためだけのものではないかと思います。

どんなときもいったん子どもの立場になって、私の担任《たんにん》の先生のように、「その子が、物事をどうやって受け止め、何で悩んでいるのか」をよく見つめることが大切なのではないでしょうか。

そして、けっしてかんたんには手を出さず、危険があったらすぐに飛び出せる位置で、じっと見守ることです。

これは、とても時間と労力と忍耐《にんたい》がいることです。

逆に過保護《かほご》はとてもかんたんなことです。

でも、親が過保護《かほご》をやめ、じっと見守る努力を惜しまなければ、子どもは、「どんなに離れていても、いつも自分は守られている、愛されているのだ」と感じ取ってくれるようになると思います。

ゲームばかりして、やる気のない子になる理由

私は、表向きは学校の先生の言うことをよく守っていても、陰ではいじめをする子がいるのを見てきました。

目立ったことをしなければ良い子、やりたいことは隠れてやる。見つからなければ良い子。そんな価値観で育った子たちは、決まって同じことを言います。

「あの子も隠《かく》れてやってるよ！　みんなと同じことをやってるだけ」

いっぽうで、小さいときからいつも人の目を気にして、とにかく人に迷惑をかけずに過ごそうとする子も出てきます。

自分は、隣《となり》の子と同じことをして、目立たないようにしなければいけない――そうして育つうちに、だんだんと「自分が本当にやりたいこと」が自分ではわからなくなってきます。

そうした子は、「親にとって都合の良いこと」や「親から言われること」が、「自分のやりたいこと」だと錯覚《さっかく》して、人生を送るようになりがちだと思えます。

そういう子は、傍《はた》から見ていても、子どもらしい意欲に欠けています。やる気に乏《とぼ》しく、

失敗すると人のせいにして、自暴自棄《じぼうじき》になってしまいます。

もともと本当にやりたいこととは違うことをやらされているので、仕方がないのです——平井信義《のぶよし》先生や長谷川由夫《よしお》先生のお話から、私は次のように考えるようになりました。


そうした子は、小さいとき、「静かにしていてくれて、親が助かるから」と持たされたゲーム機《き》のような物の影響《えいきょう》をすごく受けやすいように思います。

一見、自分が主体であるかのように思わせながら、自分でさして想像力を働かせなくても、向こうからどんどん刺激《しげき》的なものがやって来るような仮想世界に、すぐ取り込まれてしまうのです。


そもそも現実の人生への意欲に乏《とぼ》しいためです。

もちろん、娯楽《ごらく》としてのゲームを否定する気は毛頭《もうとう》ありません。でも、実人生に影響するほどゲームにのめり込み、現実世界ではやる気に乏《とぼ》しいとしたら問題となることも多いでしょう。

向こうからやって来る疑似《ぎじ》体験の世界に、何時間でも没頭《ぼっとう》し続けて、現実世界に対しては、何事にもやる気に乏《とぼ》しい——そうなったとしたら「とにかく他人に迷惑をかけるな」という教育の結果かもしれません。

「絶対、叱《しか》らない」ことの大きな効能

とは言え、子どもを叱《しか》らないというのは、親としては、不安になるものだと思います。

叱《しか》らないと、わが子がもっと悪くなるのでは、と。

でも、勇気を持ってこの「絶対、叱《しか》らない」姿勢を貫《つらぬ》いていくと、そうではないことに、絶対に気づいていただけると思います。

怒りの感情を伴《ともな》わないで――あるいは怒りを隠《かく》してでもいい、のです――よく子どもの気持ちを聞いてあげて、説明してあげて、わかるように諭《さと》すことの良い効果は、絶大です。

叱《しか》ることによる悪影響《あくえいきょう》とは、大違いです。

どうしても叱《しか》らなければいけないと思ったときには、私はそこでいったん、過去に自分がしてきたことを省《かえり》みてみます。

すると、なぜ子どもが、こんなことをするのか、思い当たることが出てきます。かつて私が抑《おさ》え付けていたことが、この反抗《はんこう》心の原因ではないか、などと……

その思い出は、かなり昔にさかのぼることもあるでしょう。でも、そうした記憶《きおく》のなかに、必ず答えが隠《かく》されていると思います。

子どもの成長や発達について、次のような知識を持っていたら、反省ばかりで、怒ることはなくなります。むしろ、昔、叱《しか》っていたことに、焦《あせ》りを感じるはずです。

それは小児科医《しょうにかい》でもある平井信義《のぶよし》先生の臨床《りんしょう》結果に基づく知識です。

平井先生は、50年以上の長きにわたって、多くの乳幼児《にゅうようじ》や幼稚園《ようちえん》・保育園の子どもたち、そして自分の子や孫に接して、研究をされてきました。

平井先生のお説に従えば、私の失敗は、子どもの発達過程の行動についての理解に乏《とぼ》しかったことに原因がありました。それで、間違った接し方をくり返してしまったのです。

私は、子どもが4歳、5歳、6歳となるにつれ、その失敗を、子どもの行動の悪化から悟るようになっていきました。

例えば、長女のさやかが、2歳下の長男の誕生《たんじょう》でどういう気持ちになったのか。

当時、自分なりにさやかに配慮していたつもりでしたが、実際は、下の子が生まれた忙しさに、さやかに寂《さび》しい思いをさせたこともありました。

また、大人の都合で、さやかにぐずられると、いらついてしまったこともあります。今まで自分に向けられていた愛情や関心を、下の子にとられてしまう長女の不安感を、うまく埋めることができずにいました。

まだ2歳になったばかりのさやかに、もうお姉ちゃんであることを自覚させようと、自分勝手に厳しくした言動がありました。

そのため、さやかは、中学校に上がるくらいまでは、おとなしくして、お母さんに手を焼かせない、自我《じが》を出さない、見せかけだけの「良い子」を演じていたのだと思います。

平井先生は、上の子の「お兄ちゃんらしさ」「お姉ちゃんらしさ」は、子どもの正常な発達段階からすると、4歳になるまでは、求めてはならないとおっしゃっています。

また、子どもが、よその同年代の子やきょうだいたちと、物の取り合いをしたり、自分の物を貸してあげられなかったりしたときでも、わが子を「強情《ごうじょう》で、親切心のない子」と叱《しか》ってはならないそうです。

そうした気持ちは、長ずるに従って身に付くもので、子どもが幼いときから、「寛大《かんだい》になること」を厳しく指導すべきではないそうです。

でも、当時の私は、そうした子どもの心を正しくは理解できていませんでした。

幼いさやかのことを、お友達に迷惑をかけないよう、叱《しか》ってしまっていたのです。

それで、4歳を過ぎた頃のさやかは、幼稚園《ようちえん》などで他の子達との輪に、うまく混じれない子になっていました。


他の子とうまく遊べず、むしろ傷つけてしまうような子になってしまう原因は、それまで、子どものことを頭ごなしに叱《しか》りつけ、子どもの自尊心《じそんしん》や自信を傷つけたお母さんの育て方にあると言っても過言《かごん》ではないそうです。

人とうまく交《まじ》われない強情《ごうじょう》な子になってほしくなくて、かえっていじけた強情《ごうじょう》な子どもにしてしまう過《あやま》ちを、どなたにもおかしてほしくないと思っています。


幼児を厳しくしつけると、親や先生の言うことだけを聞いていれば、叱《しか》られずに済むんだという、無気力な人間に育つように思います。

そして、自己主張をせず、隣《となり》の席の子と同じことだけをしている、そんな子どもたちを、親や先生は「良い子」「素直な子」と呼ぶこともあるでしょう。

その後、小学校高学年、中学、高校と進んだときに現われてくる子どもの問題行動の原因は、大なり小なり、幼年期からそれまでに負った心の傷にあると思います。

そして、子どもがしっかり自分の考えを言うような年齢になると、親は「反抗期《はんこう》だ」とばかりに、もっと強く抑《おさ》えつけるようなことを言ったり、子どもを否定したりしがちです。

そんなとき、逆に親は、好機《チャンス》と思って、子どもの話をよく聞いてあげなければいけないと思います。

でも、多くの親御さんは、子どもを抑《おさ》え付け、大人の意見を言って反論しがちです。

この結果、子どもはますます「どうせ自分はダメな、悪い子なんだ」と思うようになります。それで自暴自棄《じぼうじき》になるか、自分の個性を圧《お》し殺すかを、選択するようになります。

後者を選べば、親の言うことだけを聞く〝見せかけだけの良い子〟ができますが、その子は意欲に乏《とぼ》しく、自分の人生を真に生きることができません。

そうした子が、自由にふるまえるコンピュータゲーム等の仮想世界のなかに、真の人生を見出し、のめり込みすぎて、なかなか現実世界に戻《もど》って来なくなったりするようなケースも少なくないのではないでしょうか。

いわゆる「反抗期《はんこう》」に、親が自分のプライドや世間体《せけんてい》から、子どもを抑《おさ》えこもうとすれば、子どもの強情《ごうじょう》は、どんどんひどくなります。どうせ自分は理解されないのだ、と、よりわがままになります。

どうせ、自分の親は叱《しか》ることしかしないのだ、と思い込み、やる気を失い、物など、精神性以外のことに充足を求めていく子になっていきます。

こうしたことに、私も早く気づくべきでした。


私もすぐに、このようなことを理解した母親になれたわけではありません。でも、少しずつでも、腹を立てて叱《しか》るのをやめるべきかと思います。

わが子を信じ、理解しようとし、もし親のほうが間違っていたと気づいたら、プライドなど捨てて、子どもに自分の間違いを謝《あやま》っていただけたら、と思います。

そうすることで、子どもはきっと、望んだ通りになっていってくれます。

私の場合は、子どもが何をしていても、その姿に健気《けなげ》さを認められるようになっていきました。そして、人目もはばからず、つい褒《ほ》めてしまうようになりました。

こうした癖《くせ》がつくと、子どもを叱《しか》らずに済むようになります。そして、最初のうちは、子どもに気味悪がられたり、恥ずかしがられても、必ずや、いつか心が通じ合い、放っておいても、親の信頼に応えてくれる子どもになってくれるものだと思います。

子どもにとっての天国

児童《じどう》心理学者　平井信義《のぶよし》先生は、こうおっしゃっています。

子どもにとっての天国とは、「自分が言いたいことが自由に言える」「自分のやりたいことが自由にできる」場所のことだ、と。

言いたいことは変わってもいいのです。情けない愚痴《ぐち》でも、嘆《なげ》きでもいいのです。そのとき、そう思っているのなら、思った通りのことを言えばいい。かつての発言と矛盾《むじゅん》していてもいい。

子どもにとっての家庭とは、そんな場所でないといけないのでしょう。

苦しみや試練《しれん》、寂《さび》しさは、生きていれば、自然に、家庭外の世界から与えられます。だから親が、そうしたものを子どもに与える必要は一切ないと思うのです。

家庭の外からやって来る、痛み、悲しみ、苦しみを、親は代わりに受けてやれません。でも、その代わりに、いつも子どもの選択を信じて、見守って、子どもが何を言っても、どんな選択をしても否定しない親であることはできると思うのです。

そうした場があることで、子どもは苦難を自分自身で正しく乗り越える強さを育《はぐく》んでいくと思います。ふてくされず、自暴自棄《じぼうじき》にもならず、優しく思いやりを持って人に接していける人になると思うのです。

「うちの子が、何を考えているかわからない」

「うちの子が、何を考えているのか、わからない。放っておくしかない」

と、おっしゃる親御さんも多くいらっしゃいます。

でも、当のお子さんも、自分の感情や気持ちがよくわからず、もがき苦しんでいるのかもしれません。

そんなときに、

「何を考えてるの？　言いなさい！　言いなさい！」

と迫ってしまっては、子どもに人生経験の浅さを見ぬかれてしまうと思います。なんとデリカシーのない親だ、と意識、無意識のうちに悟《さと》られ、幻滅《げんめつ》されるのではないでしょうか。

そうやって、子どもたちは、親から心を離れさせていき、違うとき、違う場所で、本音を言うようになっていきます。

実際は、親に対して幻滅《げんめつ》を感じることは、子どもにはつらいことだと思います。子どもにとっては、傷つき、自責の念にさいなまれる感情の動きです。

だからこそ、子どもに幻滅《げんめつ》されない親になりたい、という思いも、私は自分自身がダメ人間、ダメ親だったので、よくわかります。

そのためには、何も責めず、愛情深く、子どもの心を理解しようとするしかないと思います。わが子を信じ、わが子の明るい未来を何の根拠《こんきょ》もなくとも信じ切ること——そして、自《みずか》らのなかにある子どもへの不安を、絶対に感じ取られないようにするしかないと、私は自分のつたない経験から、学びました。

わが子を信じることは、理解することにつながり、理解することは、さらに信じることにつながります。

どんなに子どもの行動が理解できなくても、ただひたすら信じればいいのです。

それがまた、子どもにも伝わり、子どももまた、相手の立場に立ってものを考えられる、思いやりのある子に育っていくのではないでしょうか。

りま す。

夫婦間のいがみあいと苦しみ

そんな思いで子どもを育ててきた私でしたが、最後までずっと失敗をしてきたことがあります。

再三述べてきた、夫とのいがみあいです。これをどうしても修復できず、その悪影響を子どもたちに与え続けてしまいました。

　それが、どうしても長年克服《こくふく》できなかった私の最大の落ち度であり、未熟《みじゅく》さでした。

　さやかが慶應《けいおう》を目指して受験勉強を開始し、長男が中学で自暴自棄《じぼうじき》になり始めていた頃までの私は、金銭《きんせん》や子育てなどに関する価値観の違いから、夫と、激しい意地の張り合いをしていました。

　2つの会社の経営者である夫は、家賃《やちん》や光熱費、車の維持費《いじひ》こそ払ってはくれますが、私に食費や学費などのお金を渡すことは、どうしてもできなかった人でした。

　そんな夫に対しては、子どもに対するような気持ちには、どうしてもなれなかったのです。

　さやかが、算数と国語の2科目で中学受験をして入った私立校（大学までエスカレーター式に受験なしで上がれる学校）に通いだして、友達も増えて活動的になってくると、次第に、夫に激しくぶつかるようになっていきました。

「ああちゃんをいじめる、悪いやつ」

とさやかは思っていたようです。

それで、父親と対立し、夫は手こそ出さないものの（夫は女性には絶対に手をあげない人です）、自分の正論でもって、さやかをけたたましく責めるようになりました。

そして、さやかのほうは父親に反抗《はんこう》して、どんどん派手《はで》な格好《かっこう》や遊びをするようになっていきました。

夫は、本当は、他人には気前がよく、他人の喜びを自分の喜びと感じられる、無償《むしょう》の愛を持っている人です。

知り合いが困っていたら、日本を縦断《じゅうだん》してでも、すぐに車で助けに駆《か》けつけるような性格なのです。

でも、家庭内では、「家族のために」が口癖《くちぐせ》にも拘《かか》わらず、ずっと長男だけをかわいがり、長男の野球チームのためにバスを買ったり、野球の新品の用具をどんどん買い与えたりしていました。

いっぽう、娘たちのことは私に任せ切りにして、お金を出すのを惜しんできました。今、思えば、あまりに子育ての方針が違うことからの、夫と私の意地の張り合いのせいだったのですが——当時の私には、夫の冷たい仕打ちの結果、できてしまった娘たちとの距離を、夫がどう思っているのか、長らく理解できませんでした。

お金の苦労とかつて見た風景

私も、夫への意地があり、パートやアルバイトをして、食費などを稼《かせ》いでいましたが、さやかやまーちゃんには、良い洋服も着せられませんでした。

私自身も、数百円で買えるようなバーゲン品が外出着でした（これは今もそうですが）。

こうした経済面での苦労は、多かれ少なかれ、多くのご家庭が味わっておられることかと思います。私などがした苦労よりも、はるかに厳しい状況下で子育てをされている方、シングルマザー、シングルファーザーで働きながら一人で子育てをされている方なども、少なくないと存じております。

ただ、私の場合は、「夫に、わざと経済封鎖《ふうさ》をされている」という感情が邪魔《じゃま》をしていました。それが、毎晩朝方まで飲み歩き、毎週ゴルフに行くなどして散財《さんざい》し、長男にだけはいくらでも高価な野球用具を買い与えている夫への怒りになっていました（前2者は、仕事上のお付き合いの飲み会やゴルフではあったのでしょうが）。

ただ、今となっては、経済的にめぐまれなかったことが、子どもたちには、すばらしい教育になっていたのではないか、と思います。

さやかもまーちゃんも、私に、何かを買ってほしいとせがんだことはありません。外出しても、ジュースでなく、公園の水道水でいいと言います。母親がお金に苦労していることを知っているからです。

娘たちは、お金があれば、もっと楽しいことがたくさんできたはずです。

お友達が、なかなか取れない（さやかが大好きな）タレントのライブのチケットを手に入れたので、一緒《いっしょ》に観に行こうよ、と誘ってくれても、行きません。交通費のことや、みんなが並んでまで買うグッズ、着ていく服のことまで考えると、行けない気持ちになるのです。

さやかは中学、高校に入ると、知り合いの中華《ちゅうか》料理屋さんや焼肉屋さんで、学校には内緒でお手伝いをして、遊ぶお金をいくばくか得るようになっていきました。

それでも、お金がかかる遊びには、うまい言い訳を考えて、行きませんでした。

みんなで遊びに行き、お茶や食事を断れないことがあると、「今、ダイエット中だから」と言って、おなかが鳴るのを必死でこらえて、何も注文しなかったそうです。

友達との付き合いで、年ごろであれば、流行《はやり》の服も着たいはずでした。

でも、そんなときでも、「ああちゃん、買って」とは絶対に言いません。

その代わり、家にある何かで代用をしたり、お金持ちのお友達に古着を譲《ゆず》ってもらったり、私が縫《ぬ》ったりしてしのいでいました。

学校の上履《うわば》きのような、こだわりのない物に関しては、壊《こわ》れたところをボンドではって、履《は》きつぶしていました。

ただ、ありがたいことに、自分の個性や感性で、さまざまな工夫をし、知恵を絞《しぼ》って、おしゃれを演出してきたので、あまりお金がないとは思われていなかった様子です。

そのため、生活苦のせいで友人関係にひびが入ったり、いじめにあうようなことはありませんでした。

姉妹は、夫に「明日から、おまえには一銭《いっせん》も渡さん」と言われて、私が途方《とほう》に暮《く》れていた姿も、見たことがありました。

今思えば、それは夫の意地であり、心の叫《さけ》びであったのだと思います。私に家で、静かにつらくあたられること、憎まれていることへの悲鳴《ひめい》だったのです。

でも、そのときは、なかなか、そう思えませんでした。

こんな目に遭《あ》わされてどん底だ、と、悔《くや》しくて、悔《くや》しくて、嘆《なげ》き悲しんで、夫の財布《さいふ》の中身を恨《うら》めしく思い、妬《ねた》んでばかりいました。

でも、あるとき、そんな自分の姿を、ふと、かつてどこかで目にしてきたような気がしました。

それは、小さいときから「この人たちみたいにだけは、なりたくない」と思って生きてきた、反面教師である伯母《おば》や伯父《おじ》、叔父《おじ》の姿でした。

彼らは、いつも「自分は悪くない」「相手が悪い」「親が悪い」「会社が悪い」「世間が悪い」「子どもが悪い」「ついてない」と、何かあると、人のせいにしてばかりいる人たちでした。

そう言い続けて、お金と、他人を蹴落《けお》としてでも自分だけがいい思いをすることを求め続け、転落し、みじめに早死にした母のきょうだいたち。

彼らは、常に、誰《だれ》かを、何かを責めていました。そして、なぜそんな目に遭《あ》うのか、自分を省《かえり》みることは一度もなかったように見えました。それで、いつも嘆き悲しむ人生を、自《みずか》ら招いていたようでした。

私は、自分を、その人たちの姿と重ね合わせました。そして、今や、そちらよりに傾《かたむ》き始めている自分が、恐ろしくなりました。

このままだと、同じ人間になってしまうのでは、と恐怖を感じました。

「絶対に、あんな人生だけは、送りたくない」

私は強く思いました。

私は、嘆《なげ》き悲しむのをやめ、目の前に起こっていることを全部受け止めて、人を恨《うら》んだり、妬《ねた》んだり、うらやむ代わりに、伯父《おじ》や伯母《おば》たちがやったのと反対のことをしようと決心しました。

まず、冷静になって、相手の立場になって考えてみました。しかし、そこは、まだまだ時間をかけないと、理解はできませんでした。

ですので、ひとまず、現在の不幸を誰《だれ》かのせいにすることと、恨《うら》むことをやめました。反面教師だった伯父《おじ》や伯母《おば》たちのお陰で、自分は、そこまで堕《お》ちていない、と少し安心できました。少なくとも、どん底はもっと下にある、今はどれだけ幸せなことか、と思うようにしました。

生活苦がもたらした、ある気づき

「夫は、本当は外では気前がよく、人の幸せを自分の幸せと思える、無償《むしょう》の愛の人なのだ」そう心に念じました。そして、暖《あたた》かい布団《ふとん》で寝《ね》られること。嵐が来ても、雪が降っても、ちゃんと守ってくれる家があること。姉妹の送り迎《むか》えのために車は自由に乗らせてもらえること。蛇口《じゃぐち》をひねれば、すぐ水が出ること。お風呂《ふろ》だって毎日入れること。これらを考えました。

もし夫がいなければ、それすら、子どもたちに与えられないのです。

当然のように、夫がしてくれていることに、感謝できるようになりました。

夫が仮に一銭《いっせん》もくれなくても、私たちは、死んでしまうことはありません。路頭《ろとう》に迷うこともありません。

こうして、意欲を新たにした私は、子どもたちが出かけている間に、さらに懸命《けんめい》に働くようになりました。帰って来る子どもたちが健康で、家庭が、子どもたちの安らげる居場所《いばしょ》であれば、それだけでいい、と思いました。

夫婦ゲンカをしているときの、子どもたちの苦痛の顔——思えば、それ以上につらいことなどありませんでした。

夫婦の間のいざこざが減ってくると、子どもたちの姿は、生き生きと輝《かがや》きを増していくように思えました。

その思いは、私を元気にしました。子どもたちの姿を見ることで、自分がした決断が間違ってはいなかった、と思えました。

すると毎日どんなに働いても、疲《つか》れを感じず、活力が湧《わ》いてくるのでした。

後は、もう、新しい服を買えなくても、ご馳走《ちそう》を食べられなくても、いいじゃないか。見たい本なら図書館もあるし、新鮮な食材は不思議と誰《だれ》かがくださったりする。また、家庭菜園《さいえん》で育てることもできる。

人とのお付き合いが、お金がないと、十分にできないことだけは困りましたが、努力と思いやりがあれば通じる！　と、お菓子《かし》を手作りして差し上げることで解決していました。

そして、捨てられる野菜を安く買って、喜びました。リサイクルショップやフリーマーケットで物を売り買いしたり、激安店でしか買い物をしないようにしました。

そうして安く手に入れた服でも、ほんの少し自分で手を加えれば、友人にうらやましがられるようなものにできることに、喜びを見つけました。

心は、貧しさから、豊かな幸せに包まれるようになりました。

また、何事も、成せば成ることに幸せを感じました。

それに、家でテレビを見てくつろぐ時間があったら、その分、働けばいい。

かわいい子どもたちのため、知恵《ちえ》を絞《しぼ》ってこまめに働くことで、ダイエットなども不要で、むしろ体がよく動き、元気でいられることも知りました。

こうして育った姉妹は、今も派手《はで》な買い物はしないようです。

お金のありがたみが染み付いて離れないのでしょう。

お金がないことでは、娘たちに、切ない思いをさせたかもしれません。

でも、娘たちが、どんな逆境《ぎゃっきょう》にあっても、明るい笑顔《えがお》を見せてくれるその姿を見るにつけ、それが私の誇《ほこ》りになりました。

損得勘定《そんとくかんじょう》でしか人付き合いができず、自分の不運を何でも人のせいにして嘆き悲しんでばかりいた、私の伯父《おじ》や伯母《おば》たちが反面教師となってくれたことに今は感謝しています。

本当の夫の姿

いっぽう、夫のほうは、本当は、私たちにいろいろやってあげたいことがあったのだと今は思います。

おそらく、私が、憎たらしい生意気《なまいき》な妻であったのがいけなかったのです。

当時の私は、日々、夫に意地を張らせるようなことを言っていた、と思います。

亭主関白《ていしゅかんぱく》で、引くに引けなくなった夫は、内心、家庭ではひどく寂《さび》しい思いをしていたのだと思います。

今は、夫をとても尊敬し、信じています。子どもたちに対するのと同じように、です。

かつては、家族に対しては、

「ほんとに、どいつもこいつも、ダメなヤツばっかりで、何べん言ってもできんな」

が口癖《くちぐせ》だった夫でした。

家のなかに散らかっている場所を見つけると、「この家はゴミ屋敷《やしき》か！」と私に怒鳴《どな》っていました。

それが近年では、言葉を選んで、

「ああちゃんは、とてもいい子なんだけど、片付けが苦手なんだな」

と言うようになりました。

以前なら、私もその発言に「粗探《あら》しばかりして……」と冷たく思うところでしたが、今は夫の善意《ぜんい》を信じているので、そうした発言にも、心から笑って、

「私、片付けが苦手なんだよね。でも、見ててね、パパちゃん。今度の休みに、びっくり

するくらい片付けるから」

と主人の肩《かた》を、やさしく叩《たた》けるまでになりました。

実際には、今でも片付けは上手ではない私ですが、そうしたやりとりを重ねるうちに、夫も、かつてのため息をつく癖《くせ》もほとんどなくなり、結果が伴《ともな》わなくても、少しの努力を見つけては、家族のことを褒《ほ》めてくれるように変わってきました。

そして最近では、

「あー、なんかひとつうまくいくと、全部、うまく回っていくなー。ああちゃんは、ほんとによくがんばってる。すべて、ああちゃんのおかげだ」

「もう息子がいなかったら、あの店は回らんよ。おれは何も口を出すことはない」

というのが新たな口癖《くちぐせ》になりつつあります。


また、私が、何か失敗をしてしまい、誰《だれ》かから誤解を受けるようなことがあると、真っ先に私をかばって、相手に説明をしてくれるようになりました。

かつては、一番に私の落ち度を探して、誰《だれ》よりも私を責め立てる夫でしたが――今は誰《だれ》よりも私を信じ、誰からも、守ってくれるのです。


「ああちゃんは、よくやってるよ」

「わかる、わかるよ。そうだよな」

笑顔とともに、こうした言葉が、口をついて出るようになった夫。

今では当たり前のように、お互いを思いやる言葉の交換があることが、夢のようでもあります。

これこそ、私が母に見せたかった、幸福な家庭の姿ではなかったか、と。


この当たり前で、些細《ささい》な言葉遣《づか》いが日々積み重なっていくことで、家族に、かけがえのない幸福感と生きがいがもたらされています。

そしてそれこそが、外でどんなことが起こっても、動じずに、落ち着いてうまくことを進めていける自信を家族にもたらすことを、私は今、心から実感しています。


夫婦が変わったことで、間違いなく子どもたちも変わりました。そして、その未来像が、大きく変わってきたのを日々感じています。

夫婦の間の信頼と、相手のことを優先する心からの思いやりの言葉こそが、「家族に意欲と奇跡《きせき》をもたらす魔法の言葉」なのだと、今こそ自信を持って、言えます。

たぶん、多くのご夫婦、ご家庭では、当たり前のことばかりなのかもしれません。

ですが、わが家は、このことに気付くまでに、多くの代償《だいしょう》を払ってまいりました。

この当たり前のことにたどり着くまでの苦難のお陰で、そのありがたさに、家族全員が深く感謝できるようになったと思います。

日々、欲や恨《うら》み、夫を責める気持ちにまみれていて、当たり前の日常に感謝するのは難しい私でした。

しかし、和解してから知った真の夫の姿は、自分の見栄《みえ》や体裁《ていさい》にとらわれず、そのそびえ立つようなプライドをときにはかなぐり捨てても、家族に謝《あやま》り、悔《く》い改《あらた》められる人でした。

それが本当の夫の姿でした。

さやかのがんばりを見たことや、すさんだ長男のＳＯＳのお陰で、私たち夫婦は、こうして改心し、お互いを成長させることができました。

子育ては、まさに、最高の自分育てでもあったと思います。

それが正しく全《まっと》うできれば、人生は幸せなものになると思います。

そして家族は、全員が幸せでなければいけません。一人だけがすごく成功しても、家族のうちの誰《だれ》か一人でも不幸だったら、その幸せは本物ではなくなると思うのです。

かくして、お恥ずかしい失敗ばかりの、いがみあった夫婦の行なってきた子育てではありましたが、子どもたちが大人になった今でも「思いやりのある、自慢の子どもたちだ」と誇《ほこ》りに思えること――そして何より、三人とも、あたたかい家庭を築《きず》けば、家族それぞれが意欲的で他人にも優しくなれると心から悟《さと》っていることを、うれしく思います。

今でも子どもたちに対しては、信じ、敬《うやま》い、認めることを忘れずに話し合えます。電話で今も毎日、話をしています（わが家では、それがずっと普通なのです）。

そうして何事も、子どもたちと一緒《いっしょ》に考え、進んで行きます。

今ではむしろ、子どもたちの、若々しく、より広い世界に招《まね》き入れてもらえている感覚が強くなっています。

子どもたちは自信を持って、意見を言い、私に同意を求めてくれます。

私は今、こんな幸せな日々はないと感じています。

第九章

おばあちゃんとああちゃんへ

※幼い日のさやか、
長男、まーちゃん

さやかのおばあちゃんの思い出

母が書いた本書には、母の母親である私のおばあちゃんの話が多く出てきます。

私は、物心ついた頃から、家の近所、徒歩5分のところにある、このおばあちゃんちによくいました。

生まれたばかりの妹が、体が弱くて、ずっと入院していた時期などは、弟と一緒《いっしょ》に、ずーっと、おばあちゃんちにいたのです。

幼い私は、おばあちゃんが、大好きでした。

おばあちゃんは、もともと関西の人なので、会話は関西弁です。

おばあちゃんは「ボス」という犬を飼っていて、だから「ボスのおばあちゃん」と呼んでいました。

ボスは、ボクサーという種類で、顔はあんまりかわいくありませんでした。でも、絶対に噛《か》まなくて、吠《ほ》えない、優しいいい子でした。

おばあちゃんは、犬が好きで、犬にも優しかったので、ボスも、おばあちゃんが大好きでした。

おばあちゃんは家のお庭を「うら」と呼んでいました。

「さやちゃん、うらであそぼう！」「今日はうらに机《つくえ》出して、ごはんにしようね」

そこは、広くて、緑がたくさんあり、ボスもいて、いろいろな思い出が詰《つ》まった場所です。

縄跳《なわと》びもしましたし、なぜか、ぶりぶりのワンピースを着て、写真撮影《さつえい》会もしました。

いつも、思い出のなかには、おばあちゃんと弟とボスがいました。

近くの公園にも、よく連れて行ってもらいました。

どんぐりや銀杏《ぎんなん》をよく拾って帰りました。おばあちゃんが、拾った銀杏《ぎんなん》を焼いて、食べられるようにしてくれて、よく食べました。

タケコプター（編集部注：竹とんぼのこと）も飛ばしました。

私と弟がタケコプターを飛ばしている写真が、大きく引きのばされて、ずっと飾《かざ》られていましたが、たぶんおばあちゃんが撮《と》ったものだと思います。

おばあちゃんの手はしわくちゃで、いつも寝る前に、私の手をもんでくれました。

しわくちゃな手が気持ちよくて、それが大好きで、「おばあちゃん、あれやって」といつもおねだりしていました。

おばあちゃんは、「よっしゃ」と言ってもみながら、いろいろなお話をしてくれました。

ああちゃんが小さいときのお話。パパとああちゃんが結婚《けっこん》したときのお話。

パパのことは、小さいとき、あまり接触がなく、よく知りませんでした。

それが、ちょうど小学校の中学年くらいのときだったでしょうか——ああちゃんとパパが好き同士で「けっこん」をして、「けっこんしき」というものもしたらしいということを、おばあちゃんが教えてくれました。

私はなぜか、それを信じませんでした。

そのときの私は、「けっこん」がどういうものなのか、わからず——そういえばパパとああちゃんは私のお父さんとお母さんだけど、パパとああちゃんはどういう関係なのか、考えたことがありませんでした。

それを知ったとき、なぜかすごく、イヤでした。だから信じませんでした。

なかなか信じない私に、おばあちゃんが、パパとああちゃんの結婚《けっこん》式のビデオを見せてくれました。それを観《み》て、私はいよいよ泣き叫《さけ》びました。

そこに映っていたああちゃんは、とてもきれいでしたが、私のお母さんではなくて、パパの恋人という感じで、知らない人のようでイヤだったのです。すごく、すごくイヤでした。

生まれたときから、パパとああちゃんは私の近くにいました。でも、二人が一緒《いっしょ》にいるのは、あまり見ませんでしたし、仲良しという印象はありませんでした。

そして、たぶん、ああちゃんにとっての「一番の人」が、その映像のなかでは、「私」ではなかったのが、イヤだったのでしょう。そういう時間が、一瞬《いっしゅん》でもあったことが、すごく寂《さび》しかったのでしょう。

ああちゃんを、パパに、とられた気がしました。

おばあちゃんは、私がなぜ泣いているか、わからない様子でした。

その後、ああちゃんが、私を迎《むか》えに、おばあちゃんちに来ました。

そのときに私が「ああちゃん、きれいだったよ」と泣きながら言ったのを、覚えています。ああちゃんも、訳《わけ》がわからない、という様子でした。たぶん、私がああちゃんでも、わからなかったと思います。

ある日、そのおばあちゃんの家が、突然《とつぜん》、奈良《なら》に引っ越すことになりました。

理由は知りませんでしたが、おばあちゃんとおじいちゃんは、奈良《なら》に引っ越すために、名古屋の家を知らない人に売ってしまいました。

引っ越しをする前日、おばあちゃんちの前で、ボスとさよならをしました。

引っ越しに際して、ボスは、他の人に譲《ゆず》られることになっていたのです。すごく悲しい気持ちがしました。

ボスは、車に乗るのが好きだったので、知らない人の車でも、大喜びで乗っていました。そのままボスは、知らない人の軽トラックに乗って行ってしまいました。おばあちゃんが寂《さび》しそうだったのが、悲しかった。

これが私が経験した、はじめての「おわかれ」でした。

しばらくして、私と弟と妹とああちゃんが、奈良《なら》にあるおばあちゃんの新しい家に行くことになりました。ちょうど夏休みだったと思います。

奈良《なら》の新しい家は、前の家よりきれいで、なにより広い家でした。部屋がたくさんあって、こんな大きなところにおじいちゃんとおばあちゃんが二人で住むの？　と不思議に思った記憶があります。

私はその家をすぐに気に入りました。近くに大きな公園があり、ああちゃんやおばあちゃんとお散歩に行くのが楽しみでした。

奈良《なら》のおばあちゃんの家の前で弟とよく遊びました。近所のほかの子どもも集まってきました。一緒《いっしょ》に遊びたかったのですが、恥ずかしくて、声をかけられませんでした。

その子たちは関西弁を話していて、名古屋の子とは少し違うなー、かっこいいなー、と思いました。

ああちゃんが、「さやちゃん、ここから、この近くの小学校に通う？」と言いました。それもいいな、と思ったのを覚えています。

その頃、名古屋で通っている小学校が大好きなわけではありませんでしたし、お友達も、関西弁の友達ができたら、なんかかっこいいな、と思ったのです。

しかし、ある日、パパが突然《とつぜん》、名古屋から奈良《なら》の家に来ました。パパのお母さん、もう一人のおばあちゃんも一緒《いっしょ》でした。みんなが集まって、なんだかうれしい感じがしました。

奈良《なら》の家には、畳《たたみ》のお部屋がありました。

そこに、ああちゃんと「ボスのおばあちゃん」と「ボスのおじいちゃん」と、パパと「学校のおばあちゃん（父方のおばあちゃんは大学教授《きょうじゅ》をしていたので、そう呼んでいました）」が、テーブルをはさんで座っていました。

ふすまは閉まっていましたが、私はふすまを開けて「みんな、何してるの？」と聞きました。

するとボスのおばあちゃんが「さやちゃんは、あっちに行っていなさい」と言いました。

私は、あっちに行ったふりをして、ふすまの隙間《すきま》から、なかをのぞいていました。

すると、パパがかばんから封筒《ふうとう》を取り出して、なかに入っていたものを、ボスのおじいちゃんに渡しました。

それは、札束《さつたば》でした。見たことがないくらいの、分厚《ぶあつ》いお札《さつ》の束《たば》——

私は小学校６年生くらいでしたが、なんとなく、見てはいけないものだったんだ、とわかりました。

でも、それが何のお金だったのか、どうしても知りたくて、後からああちゃんに聞きました。

「あれ、なんだったの？　どうしてパパが、おじいちゃんにお金をあげたの？」

ああちゃんは「パパがね、おじいちゃんとおばあちゃんにプレゼントしてくれたんだよ」と言いました。「ふーん」と言いましたが、ふすまの隙間《すきま》から見たその光景は、プレゼントをあげている風には見えませんでした。

みんな、顔が笑っていなかったからです。そのときの、お金が一体何だったのか、私が知ったのは高校のときでした（おばあちゃんは、ああちゃんとパパの離婚《りこん》を前提に、奈良《なら》に大きな家を買っていたのです。ああちゃんと私たち子どもが同居できるように――。その離婚《りこん》を取りやめてほしいパパが、奈良《なら》に来て、パパが事業資金としておじいちゃんに借りていた200万円を返す場面だったようです）。

しばらくして、結局、名古屋の家に戻《もど》った私は、今までと何も変わらない生活を続けました。

ボスのおばあちゃんには、なかなか会えなくなりました。何かあったとき、元のおばあちゃんの家に行っても、そこにはおばあちゃんもおじいちゃんも、ボスも、もういなくなっていました。

おばあちゃんに、よく家の前やお庭で遊んでもらったのを、またしたくて、寂《さび》しくなると、ボスのおばあちゃんちの前に一人で行きました。

知らない車がガレージにとまっているのを見て、よく泣いていました。

家の前の駐車場《ちゅうしゃじょう》で、車のタイヤをとめる石の上で、一人でずっと遊んでいたのを覚えています。

おばあちゃんに会いたいときが、たくさんありました。

何より、大好きなああちゃんを、一番大切に思っている人だったからです。

大人になってから、ボスのおばあちゃんに「さやかとの思い出、なあに？」と聞いてみると、

「そんなん、たくさんあるけど、正直必死やったからなあ。さやちゃんや弟に、寂《さび》しい思いをさせんように、パパの分まで遊んであげんと、と思って、毎日必死やったから、毎日が思い出やなあ」

と言いました。

おばあちゃんには一生、頭が上がらないなあと思いました。そして、いつも誰《だれ》かのためを思って生きてきたおばあちゃん、そのおばあちゃん自身が、心から「幸せだったなあ」と思える人生を送ってほしいと今では心から願っています。

最後に——

今こうしてわが家が笑顔でいられるのは、本書に記されている通り、母があきらめずに踏《ふ》ん張ってくれたからこそです。

しかし、その前に、この母を育て、そして恩知らずな親きょうだいまでをも最後まで見捨てなかった、おばあちゃんのその心から、すべては始まっていたようにも思います。

ああちゃんのことを強い思いで育て、結婚後のああちゃんが、つらくて、耐《た》えられなくなりそうだったときに、いつもただ一人、ああちゃんを支えてくれたのが、このおばあちゃんでした。

家族のために、どんなことだってできる人――ああちゃんのお母さんもまた、やはりそういう人だったのです。

このように、私の家族はもうだめか、もうだめかというところまでいっては、子どものために、と両親が思いとどまってきてくれて、現在があります。

私の受験を機に、すこしずつ雪解けしていった両親の冷戦状態。そして、それ以降は、いろいろな試練を前にすると、両親ふたりで話し合って、一緒《いっしょ》に乗り越えていけるようになったようでした。

一人上京した私は、毎日ふたりの様子を見ることはできませんでしたが、会う度《たび》にふたりの距離が縮まっていくのを感じていました。

2013年に初孫が生まれたこともあり、両親はまったくけんかをしなくなりました。今では、すっかり仲良しのおじいちゃんとおばあちゃんです。

私の大学合格以来、パパは、ああちゃんを認めてくれたようでした。

いえ、きっともう、ずっと前からそうしたかったんだろう、と思わせるほどに、今ではどこに行くにも、ああちゃんを連れて回るほどです。

ああちゃんもまた、パパに対して見る目を改めたようでした。

「パパがね、今日はこんなに優しかったんだよ」

と今では毎日、うれしそうに電話をかけてきます。

ふたりとも、長年どうしても見てあげられなかったお互いの良いところを、今はたくさん見つけられるようになった様子です。

そしてそれにつられて、家族全員が、不思議なくらい、どんなことでも、うまく乗り越えられるようになってきています。

自分たちでは「奇跡《きせき》のようなことだ」と言って感激《かんげき》しておりますが、もしかしたら、実はとてもシンプルなことに、今まで家族みなが気づかずに来ただけだったようにも思います。

かく言う私も、2014年、両親の結婚記念日と同じ日に、最愛の人と入籍《にゅうせき》をし、夫婦となりました。

自分自身が家庭を持ってみて、初めて気づくことがたくさんあります。やはり夫婦とは、不思議なご縁で結ばれた存在で、ただ一緒《いっしょ》にいるだけの存在ではなく、生涯《しょうがい》特別な存在になるのだ、ということを、自分が妻になってみて、改めて感じています。

たぶん、この先、楽しいことばかりではなく、今まで以上に大変な苦労が、私たち夫婦にも訪れると思います。

しかし、私の両親が、実に20年の冷戦を経て、「今が一番幸せ」と言っているのを見て、私も、この先どんなときも隣《となり》にいてくれる主人を信じ、助け合って笑顔でい続けようと思います。それが、将来生まれるであろう子どもにしてあげられる、一番大切なことなのだと感じています。

「どんなことにも、必ず意味がある」――母の口癖《くちぐせ》です。

その言葉通り、私たちは両親にとても大切なことを教えてもらえた気がします。

そして私の恩師である、坪田《つぼた》先生のお言葉がいつも胸に響《ひび》きます。

「夫婦というのも、結婚したときを0歳として、成長していくものなんだ」

まーちゃんからの手紙

姉が慶應義塾《けいおうぎじゅく》大学に奇跡《きせき》の合格を果たして入学をし、東京で一人暮《ぐ》らしを始めた頃――6歳下の私も、そんな姉の背中を追いかけようと、ICU高校（国際基督《キリスト》教大学高等学校）という名門の受験を目指し、坪田《つぼた》先生の塾《じゅく》で受験勉強を始めていました。

いつもお姉ちゃんの後を追いかけ、お姉ちゃんの真似《まね》をして生きてきた私には、受験においてもまた、周りに絶賛《ぜっさん》され、華《はな》の慶應《けいおう》生になった姉が、輝《かがや》いて見えたからです。

そして、私にもできる、私も同じ奇跡《きせき》を起こせば、あんなふうにみんなから褒《ほ》めてもらえると、同じ道を歩もうとしていました。

しかし、やはり、母にはわかっていました――姉と私は、違うのだ、と。

姉と同じように生きなくてもいいんだと、母はよくわかってくれていました。

私が知らない間に、母は坪田《つぼた》先生の元へ行って、私の留学を提案し、相談していました。

母はけっして、こうしろ、ああしろと、私たち子どもに何かを強制《きょうせい》してくることは絶対にありませんでした。

しかし、母は子どもの才能がどんなところにあって、それをどう伸ばしたらいいのか、いつも考えてくれていました。

「まーちゃんは、せっかくたくさんの才能を持っているのに、最初の一歩を踏み出すのが怖いんだね。すごくもったいないよ」

そう言う母は、最初の一歩を踏み出せない私の背中を、いつもそっと押してくれました。

また、

「親や大人の勝手な都合で、子どもの可能性を潰《つぶ》すなんて、絶対に許されないことなの」

と、私のどんな言葉にも「NO」と言ったことはありませんでした。

ピアノを習いたいと言ったときも、バレエを習いたいと言ったときも、学校に行きたくないとだだをこねたときも、母はイヤな顔ひとつせず、「いいわよ」と、いつでも好きなことをさせてくれました（もちろん、身体に危険のあること以外は、ですが）。

結局、ピアノもバレエも1カ月でイヤになり、やめてしまいました。でも母は、「それでいいんだよ」と、私を責めることはけっしてしませんでした。

「やりたければ、やればいい。やりたくなければ、やらなければいい」

と言っていました。それだけではなく、私が本当はやりたいことなのに、なかなか勇気が出せず、できずにいることも、母は私ができるようになるまで、そっと背中を押し続けてくれました。

今も大好きで続けているダンスも、最初は、勇気がなくて、なかなかレッスンに行けなかったのです。そんな私を、ある日突然《とつぜん》、

「まーちゃん！　今日は栄《さかえ》にダンスレッスンの見学に行こうか？」

と手を引いて連れて行ってくれました。そうしたきっかけがなければ、やりたかったのに、ダンスをずっとできずにいたと思います。

当時のダンスの先生や友達、大学のダンスサークルでの友達との出会いなど――ダンスを通して得てきたかけがえのない時間は、そんな母の行動がなければ、一生味わえなかったのです。

私の人生を変えた留学も、そんな母の一言が始まりでした。

「まーちゃん、ああちゃんはね、まーちゃんの果てしない才能を誰《だれ》にも邪魔《じゃま》されずに、どこまでも伸ばしてほしいんだよ。それには、日本にいちゃダメで、もう外国に行くしかないんじゃないかと思うの。

海外の自由な雰囲気《ふんいき》のなかで、楽しく高校生活を送ってみるのも悪くないかもよ！　ちょっと考えてみて！」

そう言われた私は、姉とは違う、海外での生活に目を向け始めました。

留学の知識も、そもそも「海外に一人で住むということが、どういうことなのか」も、まったく知らない私でした。

でも、ひとつ感じたのは、そうか、私はお姉ちゃんとは違うんだ、ということでした。

今思えば、母があえて気づかせてくれたのかもしれません。ずっと姉と同じことをすればいい、そうすればかっこいい、褒《ほ》めてもらえる――でも、いつもどこかで、「そんな姉を超えることは、できないんだ」という葛藤《かっとう》がありました。

そんなときに、母が導いてくれた新たな道――それが留学だったのです。

自分は姉とはまったく違う才能を持っていて、それは日本にいては芽《め》を出さない。でも、その芽《め》は、もっと大きくなりうるんじゃないか。私はそう思いました。

姉とは違う土俵《どひょう》で輝《かがや》くことで、少し姉を超えたい、という気持ちもあったのかもしれません。

と同時に、自分とお姉ちゃんは違う、自分にだって自分なりの可能性があるんだと安心した部分もあった気もします。

正直、留学を決めたときのことは、あまり覚えていません。そのくらい、訳《わけ》もわからないまま、不安になったりワクワクしたりする暇《ひま》もないまま、ニュージーランドでの留学生活は始まっていました。

今思えば、私が留学を決意できたのは、何もわからないバカだったからではないか、と思えます。

というのも、留学が始まって以降、そこには大変な試練《しれん》が待っていたからです。言葉もわからない、伝えたいことも伝わらない、家族もいない、友達もいない――そんな地で、毎日生きることに、ただただ必死でした。

今まで、生まれつき体が弱かったこともあり、自分から一歩踏《ふ》み出して、何かをするのが苦手だった私。それが、ニュージーランドでは、どんなことも自分から一歩踏《ふ》み出してやらざるを得なかった――生きるためには、それが必要でした。

孤独《こどく》でつらくて、もう死ぬんじゃないか、と思うときもありました。

それでも、ただ「生きて」、毎日を過ごすしかなかったのです。

そんなとき、私の心を支えてくれたのは、やはり母でした。

一番近くにいた私が、遠い海外へ行き、日本に残された母もまた、パニック障害《しょうがい》を起こし、壮絶《そうぜつ》な思いで毎日私のことを思い続けていてくれました。

母は、毎日私が笑えるように、すべてが優しさで包まれるように、と、仏壇《ぶつだん》に手を合わせてくれていました。

私が「つらい」と電話越しに涙《なみだ》を流すと、母は必ずこう言いました。

「まーちゃん、やめたければ、やめればいいのよ。帰って来る?」

そんな母の言葉は、私にとって、不思議な魔法《まほう》の言葉でした。留学というとても大きなことでさえ、母は「やめたければ、やめていい」と言ってくれました。その覚悟が、私をいつも勇気づけたのです。

ここまで思ってくれている母に、必ずニュージーランドでも笑っている姿を見せてあげたい! と素直に思えました。

ただ、いつも私を助けてくれたそんな母が、一番弱っていると感じたのも、この頃でした。私が涙《なみだ》を流すことが一番つらいという母は、毎日知らないところで、ときにはこらえ切れず私との電話越しに、涙《なみだ》を流していました。

「まーちゃんがいなくて、さみしく、つらくなっちゃうああちゃんを許してね」

とどれほどつらいときでも、やはり母は私のことを一番に考えてくれていました。


母が私をニュージーランドに初めて連れて来て、私を残して日本に帰ろうとしたとき、母は耐《た》えられなくなり、発作《ほっさ》のようなものを起こし、一人では日本に帰れないという事態が発生しました。

そのときです――私たちのなかで何かが変わりました。

それまで、母にきつくあたり、ひどい態度《たいど》をとることがまだあった父が、そんな母の緊急事態《きんきゅうじたい》に、日本からわざわざ大嫌いな飛行機に17時間も乗り、ニュージーランドに迎《むか》えに来てくれたのです。

そのときからでしょうか、私には、家族がだんだんとひとつになっていくのが見えるような気がしました。

「ああちゃんのことは、心配するな。パパがちゃんと連れて帰るから」

と、パパはああちゃんを連れて日本に帰って行きました。

母もまた、このときから父を見る目が変わり、「この人も、こんな風に思ってくれるんだ」と初めて思ったと言っていました。


とにかく、ああちゃんと二人で泣き続けた留学期間。悲し泣き、苦し泣き、うれし泣き、笑い泣き、いろんな涙《なみだ》がありました。

つらくてつらくて、やめたくなるようなこともたくさんありましたが、母が言った言葉を信じました。

「まーちゃんみたいに高いところに行く人間は、1回底まで落ちて、地面をけらないと、上にあがって来れないんだよ」

「まーちゃんは、必ず守られているから。だって、ああちゃんが命をかけて祈《いの》っているから。必ず大丈夫だよ、胸を張ってね」

そんな言葉通り、どんなときでも私を信じ抜き、愛し抜いてくれた母のおかげで、私は留学でかけがえのないものを、本当にたくさん得ることができました。

日本にいては、絶対に育たなかった、大きな自分になって帰って来ることができたと思います。

泣いたのと同じくらい笑い、感謝し、それと同時にそんな自分を見せられたことで、母をもまた幸せにできました。

今の自分があるのは、間違いなく留学で泣いて笑って、母とともに走りぬけてきた日々があったからだと思っています。

「柳《やなぎ》の木のような人になってね。柳《やなぎ》はどんな強い風も雨も、全部受け流して、腰《こし》を低く曲げて立っているでしょう？　絶対折れないぞ！　とがんばって、全部をはねのけようと、一生懸命《けんめい》まっすぐ立っていようとすると、意外と折れやすいんだよ。でもね、柳《やなぎ》のように、すべてを受け流してごらん。絶対に倒《たお》れないから」

母からもらった言葉はすべて宝物です。ともに泣き、笑ってきたからこそ、生まれた言葉たちです。

留学を通じ、数え切れないほどの体験をしてきました。私はそのときの苦しい生活のなかで、小さな幸せに気づけるようになりました。日本では当たり前のことが、感動に変わりました。

時間はかかりましたが、徐々に自分を確立でき、ついには「日本に帰りたくないな」と思うまで、毎日幸せな日々を送れるようになっていきました。

私がこんな風に思えるのも、こうなれたのも、やはりそこには母の存在がありました。お姉ちゃん、お兄ちゃん、そして4年があいて、予定にはなかった私が生まれました。母はそんな私を「パパとああちゃんを助けてくれる、神様からの贈り物だ」と言います。小さいながらに、今までわが家が通ってきたすべてを——どん底の苦しみの日々から、その後の和解と幸福までを——私は、一番下の立場から見続けてきました。

家族が離れ離れになりそうだったときも、ずっと家にいて、見てきました。それぞれが心に隠《かく》していた気持ちも、すべて見てきました。

そして、そんな家族を必死で守り続けた母のことは、誰《だれ》よりも近くで見てきた気がします。末っ子だったこともあり、母とはたくさん時間をともにし、いろいろなことを話しました。母のいろいろな顔を見ました。

私にとっての母は、けっして言葉なんかでは表わすことのできない大切な、大切な人です。ああちゃんは、自分のために外に遊びに出ることもなく、ただ娘や息子のことを思って、食費にも困って困窮《こんきゅう》するなか、人一倍の苦労をしてきたように思います。

私は、そこに、本当の、あるべきひとつの母親像を見てきました。

私たちのためなら母は何も恐れません。非難も恥も世間体《せけんてい》も。

何もかもを捨て、私たち子どもを、そして家族を守り、愛し続けてきた人です。

私はそんな母と出会えたこと、母の娘であることを幸せに、そして誇《ほこ》りに思います。

本書により、一人でも多くの方が、そんな母のことを知ってくださり、世界が愛にあふれる場所になることを祈《いの》っています。

ああちゃんのあとがき

この本を、最後まで読んでくださった方に、心から、心からお礼を申し上げます。

ありがとうございます。


何の取り柄《え》も何もない、私のようなダメな母親が、ただ子どもを信じるだけのことで、なんとかこれまでやってまいりました。

失敗を重ねては、親の鏡《かがみ》と言える子どもの姿を見て、たくさん涙《なみだ》を流し、ともに傷ついてまいりました。

そして、崖《がけ》っぷちに立たされたときになってようやく、自分の過《あやま》ちに気づき、改めることができました。

それでようやく、真の幸せを見つけられました。そして、坪田《つぼた》先生のような方に巡《めぐ》り会うことができました。


不幸の原因、子育ての失敗の原因は、自《みずか》らのやってきたことのなかにありました。

そのことに気づけたとき、音をたてて、目の前に現われるものが、変わっていきました。そして、子どもたちのすべてが、親のやったことの鏡《かがみ》なのだと悟り、その姿に学べるようになりました。

本書は、何ら偉《えら》いところのない母親が書いた本です。

ダメ人間の私が、間違ったことをたくさんして、たくさんのご批判をいただき、けなされ、バカにされても、子どもを信じてきた、ただそれだけのお話です。

でも、こうした「負けるが勝ち」の、「雑草のような」子育てから、たくさんの奇跡《きせき》が生まれるのを見てきました。

そして、子どもたち、親たちが、幸せになるためには、「真の幸せとは何か」に、まず気づくことが大切なのではないかと思いました。

今でも、子どもたちには、素直に「(こんなにダメな母が育てたのにも関わらず)すばらしいあなたたちでいてくれて、元気でいてくれて、本当にありがとう」と日々、感謝できます。

そして、もしも子育てをしていなかったら、私はダメ人間のままだった、と思います。いつでも「もう今からは、何も変わらないのだ」とあきらめてしまいがちな私でした。だからこそ、あえて、世の親御さんたちに、「そんなことはなかったんです」とお伝えできないかと考え、今回の失敗談を書かせていただいた次第です。

最後まで読んでいただいて、本当にありがとうございました。

私の信念を、ただの失敗談に終わらせず、同じような、いえ、もっと大変なご苦労をされている方も多い親御さんたちへの、ささやかな応援に変えられれば、ということで、今回、私のお話を本に仕立てていただきました。

そのきっかけを作ってくださった、そして、家族一同の運命を劇的《げきてき》に変えてくださったビリギャル著者《ちょしゃ》の坪田信貴《つぼたのぶたか》先生、世の中の教育の場を良くしたいというお心のもと、私の信念を深く理解してくださった上で、私たちに対しても常に思いやりをもって本書の編集を担ってくださったKADOKAWAの工藤裕一編集長、そのほか、ビリギャルをはじめ本書にも関わって力を尽くしてくださったすべての関係者のみなさまに、心から感謝をしております。ありがとうございました。

そして、今はお互い理解し合えるようになり、私や家族に対して、常に本来の優しさを思い切り発揮《はっき》してくれる夫。本書のなかで、一人で悪役を演じ、家族のためにすべてを受け入れてくれた優しい夫に、心から敬意と感謝の念を表したいと思います。

――――２０１５年２月　ああちゃん

坪田信貴《つぼたのぶたか》による解説

あなたにとって、本書の内容は、いかがだったでしょうか？

「その通り！」と思われた方、「え？　本当にこれでいいの？　たまたまうまく行っただけじゃないの？」と思われた方、いろいろな方がいらっしゃるか、と思います。

前者の方は、これ以上、この解説を読み進める必要はないかもしれません。ぜひ、これからの素敵な子育てライフ、家族との生活をさらにエンジョイしてください。

いっぽう、後者の方には、ぜひこれから私が書く解説をご一読いただけますと幸いです。

この本を手に取られた一部の親御さんは、もしかしたら、「子どもに意欲的に勉強をしてほしい！」と思っていらっしゃるかもしれません。

世の中には、意欲的に、そして自発的に勉強する子どもたちがいます。彼《かれ》らは、親から特に何を言われるでもなく宿題にいそしみ、本を読み、新聞の記事を読んでは、自分で調べものをします。そして、それに喜びを感じます。

いっぽうで、まったくそうではない子どもたちもいます。

お子さんが後者の場合は、できるだけ前者の姿勢を身につけさせようと、多くの保護者の方が「がんばり」ます。

「あなたが好きなことをすればいいのよ」と言いながらも、基本的には、あれこれ指示を出してしまう。そんな自分に、子どもが反発し、どうしたらいいかわからなくなり、自己嫌悪《じこけんお》に陥《おちい》ってしまう――そんな親御さんも多いのではないでしょうか？

そんなときは、ぜひ、大きく深呼吸《しんこきゅう》をしてみて、「私だけじゃなく、ああちゃんにも、そんな時期があったんだよね。今のああちゃんだったら、どうするかしら？」と考えてみてください。

というのも、本書で書かれているああちゃんの子育て法は、理論的にも、経験的にも、たいへん優れたものだからです。

19世紀のデンマーク出身の哲学者《てつがくしゃ》キルケゴールは、その著書《ちょしょ》『死に至る病』のなかで、「死に至らない病が希望に繋《つな》がることに対して、死に至る病は絶望である」と述べています。つまり、「絶望」すると人間は死んでしまうと言うのです。

また、「自己とは何であるか、自己とはひとつの関係、その関係それ自身に関係する関係である」とも述べています。

私たちは、日常生活のなかで、かんたんに「絶望」します。

大切な人が亡くなったり、目標としていた試験に落ちたり、友人から裏切られたと感じたり、あるいは上司から全人格を否定されるようにさんざん罵《ののし》られたり——絶望する場面には、人生を歩んでいれば、いくらでも遭遇《そうぐう》します。

これらは自己との関係を不均衡《ふきんこう》にします。

例えば、適切な友人関係だったものが、何らかの事件等により、心理的なバランスを失うことがあります。本来、自己と上司との関係性のバランスがとれていると、特に何も感じないのですが、こっぴどくしかられたりすると、急に心理的なバランスがおかしくなり、不安定に感じ、そのぐらぐらした感じが続くことで、徐々に希望をなくしていく、つまりは、心理状態が絶望感へと変わっていくのです。

この「絶望」は、どこから来るのでしょうか？　キルケゴールは、「人間自身にひそむ」と言っています。つまり、外的な事件があって、外から襲《おそ》ってくるのではなく、自分の内側に潜《ひそ》んでいると言うのです。

なぜでしょうか？　人生には「確証」できることはありません。「すべて成功する」「何もかもに満足する」なんてこともありえません。

「100点を目指す」という思考を当たり前にしていたら、「常に不満足」であり、「常に不幸せ」な心理状態に陥《おちい》ります。

なぜなら、「人間は、不完全な存在」だからです。

常に100点を目指すというのは、いわば「自分が神でないことを呪《のろ》う」というようなことにつながります。

さて、人を「評価」するときには、大きく分けて3種類の方法があります。

それは、①「Doing」で評価する方法、②「Having」で評価する方法、③「Being」で評価する方法です。

①は、「行為」で評価することです。例えば、「勉強をがんばってるなんて、偉《えら》いね！」「全然勉強していないから、あなたはダメだね」とか、「たくさん仕事をして、売り上げを上げているなんて、すばらしい社員だ！」「おまえは、どれだけ働いても売り上げビリだか

ら、本当に役に立たないヤツだ」というものです。
②は、「地位」や「持っているもの」で評価することです。例えば、「社長だから偉《えら》い」「40年経っても平社員だからダメな夫だ」というようなことです。
③は、「あなたが何をしようが、どんな状態であろうが、ただ生まれてくれて、ここにいてくれることが、うれしい」という評価になります。

私は、これまで1300人以上の子どもたちを個別指導（子別指導）してまいりました。彼《かれ》らのほとんどは思春期であり、家族と一番もめる時期にあります。よって、たいへん貴重なことに、彼《かれ》らの口を通して、「家族の内情」にたくさん触れてきました。また、「子どもたちの勉強の指導者」というよりも、現実的には「家族内の関係性の調停役《ちょうていやく》」をせざるを得ないことも、多々ありました。

ある生徒などは、受験期間中、家庭内暴力も発生するなど散々な状態にありました。彼《かれ》は結局、まともに勉強できず、塾《じゅく》では、そのほとんどの時間を、家庭の事情の「相談に乗る」「話をひたすら聞く」「勇気づける」という行為に費《つい》やさざるを得ませんでした。

結局、彼《かれ》が志望校に合格することはなかったのですが、数年後、彼《かれ》は私にこう伝えてきました。

「僕《ぼく》は受験のとき、まったく勉強はできなかったけど、先生たちには、本当に心を支えてもらいました。おかげさまで、今、なんとか家族が再生しています」

他にも、受験直前期に、家で大げんかをして警察沙汰《けいさつざた》になったり、家出をしたり、学校で暴れたりという状態になった子どもも何人かいました。

そうした経験を通して私が知ったことは、「どこの家族も、幸せそうに見えても、大きな問題を抱えている」ということです。

それが表面に出ているか出ていないかの差が、「仲の悪そうな家族」と「幸せそうな家族」の差なのです。


「教育」というのは、誰《だれ》しもが「持論」という名の素朴概念《そぼくがいねん》を持っています。

日本で生まれれば、必ず小学校から中学校まで9年間の義務教育を受けて育っていますし、また、親なり親戚《しんせき》なり行政の担当者なりから、必ず「教育を受けて」私たちは育ってきました。

よって、「子育ては、こうあるべきだ」という「信念」を、何かしらの形で形成してきているわけです。これは、例えるならば、「数学を、学問として学んでもいない人が、何らかの数学の理論を振りかざす」ようなものです。実際の数学に関しては、そうした場面にはなかなか遭遇《そうぐう》しませんが、「教育について、学問として学んでいない人が、平気で教育理論を振りかざす」場面は往々《おうおう》にしてあります。

しかも、それが、「学問上、理論上もその通り！」という納得のできるものであればまだしも、あくまでも「自分一人の経験」や「子ども二人を育てた経験」、あるいは「自分の親がそうだった」という根拠《こんきょ》をもとに、「こうあるべきだ」と考えていらっしゃるのです。

それは、例えるならば、「野球が下手な人が編み出した打撃《だげき》理論を、頑《かたく》なに信じている」というのと変わらないように思えます。

「向上心がある」とは、「自分自身に対する、安心や信頼」があった上で、「さらにもっとできるはず」と考えることです。

例えるならば、「自分は現状でも１００点に近い。しかし、１５０点も取れるはずだ」と考えることであって、「１００点でない自分はダメだ。こんなこともできない自分は問題だ」と考えることではありません。

では、「幸せ」を得られるポイントは何か？　と言いますと、それは自分の根底にある「自信」ということになります。

「自信」とは、「自分を信じること」です。

信じられる自分であるか、信じられない自分であるか、が重要です。

そして、そうした自信を育《はぐく》むのが、本来の教育なのです。その反対が、「絶望し、死に至る」という状態にすることになります。

よく、「厳しくしつけなければ」とか、「成果を出さなければ意味がない」「社会ではもっと大変なの！」「他人に迷惑だけはかけちゃダメよ！」というように、親がどうにか子どもをコントロールしようとする場面を見かけます。

しかし、それは「Doing」や「Having」によって子どもを何度も評価し、「ラベル」を張っていく行為でもあります。

「あなたは部屋の片付けができない子ね」「あなたは本当にやる気がないのね」「〇〇ちゃんはできるのに（＝あなたは〇〇ちゃんより劣っている）」「あなたは本当に字が汚い」……などなど。

こうした「ダメだし」をすることで「教育」をするというのは、いわば、悪いラベルやレッテルを、どんどん張っていくことになります。

それは、その人間の価値を、毀損《きそん》する行為なのです。

当然、否定的な評価をしてくる相手に対して、ほとんどの子どもは「受け入れる」よりも「逃避《とうひ》」します。さまざまなことを隠《かく》すようになり、それがバレて、叱《しか》られる度《たび》に、そこから逃げ出そうとするのです。

「自己」とは関係性によって作られているものですから、自分の親からの評価が低い状態であれば、その子が「自分を信じられるようになる」はずもないわけです。

自分のお子さんのダメ出しをする親御さんだって、聞けば、全員が全員、「子どもには幸せになってもらいたい」とおっしゃいます。

そのいっぽうで、「いや、褒《ほ》めて育てる、なんてやっていたら、子どもが調子に乗ります」「人に迷惑をかけてばかりになります」という、いわば性悪説の立場を取られる方もいらっしゃいます。

しかし、これだけは、確実に言えます。

「大丈夫。あなたがやらなくても、世間は確実に『Doing』や『Having』であなたのお子さんを評価してくれます」

それによって、子どもたちが傷つくことも多々出てきます。

自己と世間との関係性においてバランスを崩《くず》し、絶望しかける瞬間《しゅんかん》も出てくるでしょう。

そんなとき、「私の親は、どんなときも、私の存在を肯定《こうてい》してくれている。だから、相談してみよう」と思えるのか、それとも、「親に言うのは、恥ずかしい。〝また〟親に迷惑をかけてしまう」と思ってしまうのか。

それが子どもの自信や、幸福感を大きく左右することになってきます。

何が起こるかわからない人生において、「圧倒的《あっとうてき》な無償《むしょう》の愛情」をベースとした関係性を築けて、常に安定したバランスを子どもに供給でき、それにより「勇気」を与えることができるのは、「親」である「あなた」しか、いないのではないでしょうか?

誰《だれ》か一人でも、「本当に心から、こんな自分でも愛してくれている人がいる」、そう信じられる状態である、これこそが「幸せ」なことなのではないでしょうか。

あるお坊《ぼう》さんが、「人生の目的は、仏様とお父様、お母様に抱っこされること」とおっしゃっていました。私は、この言葉を聞いた瞬間《しゅんかん》に、キルケゴールの『死に至る病』を思い出しました。

キルケゴールは、その普遍《ふへん》的な関係性を、神様を信じることで、築こうとしました。「神は自分を愛してくれている」と。

でも、現代日本ではそれは難しいのかもしれません。抵抗《ていこう》感がある人も多くいるでしょう。ならば、「親の愛」を普遍《ふへん》的なものと感じられるように、その関係性を築いていけば良いのではないかと思うわけです。

先日、私がさやかちゃんと話をしているときに、笑顔で彼女《かのじょ》はこう言っていました。「ああちゃんさー、今でも毎朝、電話かけてきてくれるんだよね。さやちゃんはすばらしい子なの。本当にいい子だわって」

毎朝1分でも、自分の子どもに愛を伝えるという、このひとつひとつの行動が、子どもとの絆《きずな》を築き、それが、さやかちゃんのあのなぜか自信満々で、明るくて、誰《だれ》からも好かれるというパーソナリティに繋《つな》がっているのだな、と私には思えました。

長々と文章を書き連ねてきましたが、要するに、「どうやったら、わが子が意欲的に勉強するのか？」という問いに対する私の答えは、「親が子どもに対して、ポジティブな声がけ